CANTI DI CASTELVECCHIO

Giovanni Pascoli

CANTI DI CASTELVECCHIO

di Giovanni Pascoli

1. La poesia

I

  Io sono una lampada ch'arda
      soave!
la lampada, forse, che guarda,
pendendo alla fumida trave,
      la veglia che fila;
  e ascolta novelle e ragioni
      da bocche
celate nell'ombra, ai cantoni,
là dietro le soffici rócche
      che albeggiano in fila:
  ragioni, novelle, e saluti
d'amore, all'orecchio, confusi:
gli assidui bisbigli perduti
nel sibilo assiduo dei fusi;
le vecchie parole sentite
da presso con palpiti nuovi,
tra il sordo rimastico mite
      dei bovi:

II

  la lampada, forse, che a cena
      raduna;
che sboccia sul bianco, e serena
su l'ampia tovaglia sta, luna
      su prato di neve;
  e arride al giocondo convito;
      poi cenna,

d'un tratto, ad un piccolo dito,
là, nero tuttor della penna
che corre e che beve:
  ma lascia nell'ombra, alla mensa,
la madre, nel tempo ch'esplora
la figlia più grande che pensa
guardando il mio raggio d'aurora:
rapita nell'aurea mia fiamma
non sente lo sguardo tuo vano;
già fugge, è già, povera mamma,
      lontano!

III
  Se già non la lampada io sia,
      che oscilla
davanti a una dolce Maria,
vivendo dell'umile stilla
     di cento capanne:
  raccolgo l'uguale tributo
     d'ulivo
da tutta la villa, e il saluto
del colle sassoso e del rivo
     sonante di canne:
  e incende, il mio raggio, di sera,
tra l'ombra di mesta viola,
nel ciglio che prega e dispera,
la povera lagrima sola;
e muore, nei lucidi albori,
tremando, il mio pallido raggio,
tra cori di vergini e fiori
     di maggio:

IV
  o quella, velata, che al fianco
      t'addita
la donna più bianca del bianco
lenzuolo, che in grembo, assopita,

matura il tuo seme;
o quella che irraggia una cuna
- la barca
che, alzando il fanal di fortuna,
nel mare dell'essere varca,
si dondola, e geme -;
o quella che illumina tacita
tombe profonde - con visi
scarniti di vecchi; tenaci
di vergini bionde sorrisi;
tua madre!... nell'ombra senz'ore,
per te, dal suo triste riposo,
congiunge le mani al suo cuore
già róso! -

V
Io sono la lampada ch'arde
soave!
nell'ore più sole e più tarde,
nell'ombra più mesta, più grave,
più buona, o fratello!
Ch'io penda sul capo a fanciulla
che pensa,
su madre che prega, su culla
che piange, su garrula mensa,
su tacito avello;
lontano risplende l'ardore
mio casto all'errante che trita
notturno, piangendo nel cuore,
la pallida via della vita:
s'arresta; ma vede il mio raggio,
che gli arde nell'anima blando:
riprende l'oscuro viaggio
cantando.

2. La partenza del boscaiolo

5

La scure prendi su, Lombardo,
da Fiumalbo e Frassinoro!
Il vento ha già spiumato il cardo,
fruga la tua barba d'oro.
Lombardo, prendi su la scure,
da Civago e da Cerù:
è tempo di passar l'alture:
tient'a su! tient'a su! tient'a su!

Più fondo scavano le talpe
nelle prata in cui già brina.
E` tempo che tu passi l'Alpe,
ché la neve s'avvicina.
Le talpe scavano più fondo.
Vanno più alte le gru.
Fa come queste, e va pel mondo:
tient'a su! tient'a su! tient'a su!

Per le faggete e l'abetine,
dalle fratte e dal ruscello,
quel canto suona senza fine,
chiaro come un campanello.
Per l'abetine e le faggete
canta, ogni ora ogni dì più,
la cinciallegra, e ti ripete:
tient'a su! tient'a su! tient'a su!

Di bosco è come te, la cincia:
campa su la macchia anch'essa.
Sa che, col verno che comincia,
ti finisce la rimessa.
La cincia è come te, di bosco:
sa che pane non n'hai più.
Va dove n'ha rimesso il Tosco:
tient'a su! tient'a su! tient'a su!

Le gemme qua e là col becco
picchia: anch'essa è taglialegna.
Nel bosco è un picchierellar secco
della cincia che t'insegna.

Col becco qua e là le gemme
picchia al mo' che picchi tu.
Va, taglialegna, alle maremme...
tient'a su! tient'a su! tient'a su!
Ha il nido qua e là nei buchi
d'ischie o d'olmi, ove gli garba;
e pensa forse a que' tuoi duchi,
grandi, dalla lunga barba.
Nei buchi erbiti dove ha il nido,
pensa al gran tempo che fu;
e getta ancora il vecchio grido:
tient'a su! tient'a su! tient'a su!
Un'azza è quella con cui squadri
là, nel verno, il pino e il cerro;
con cui picchiavano i tuoi padri
sopra i grandi elmi di ferro.
Tu squadri i tronchi, ora; con l'azza
butti le foreste giù.
Va ora senza più corazza...
tient'a su! tient'a su! tient'a su!
Rimane nella valle il canto.
Sono ormai, le cincie, sole.
La scure dei lombardi intanto
lassù brilla contro al sole.
E sempre il canto che rimane,
giunge in alto alla tribù,
che parte a guadagnarsi il pane:
tient'a su! tient'a su! tient'a su!

3. L'uccellino del freddo

Viene il freddo. Giri per dirlo
tu, sgricciolo, intorno le siepi;
e sentire fai nel tuo zirlo
lo strido di gelo che crepi.
Il tuo trillo sembra la brina

che sgrigiola, il vetro che incrina...
trr trr trr terit tirit...
   Viene il verno. Nella tua voce
c'è il verno tutt'arido e tecco.
Tu somigli un guscio di noce,
che ruzzola con rumor secco.
T'ha insegnato il breve tuo trillo
con l'elitre tremule il grillo...
trr trr trr terit tirit...
   Nel tuo verso suona scrio scrio,
con piccoli crepiti e stiocchi,
il segreto scricchiolettio
di quella catasta di ciocchi.
Uno scricchiolettio ti parve
d'udirvi cercando le larve...
trr trr trr terit tirit...
   Tutto, intorno, screpola rotto.
Tu frulli ad un tetto, ad un vetro.
Così rompere odi lì sotto,
così screpolare lì dietro.
Oh! lì dentro vedi una vecchia
che fiacca la stipa e la grecchia...
trr trr trr terit tirit...
   Vedi il lume, vedi la vampa.
Tu frulli dal vetro alla fratta.
Ecco un tizzo soffia, una stiampa
già croscia, una scorza già scatta.
Ecco nella grigia casetta
l'allegra fiammata scoppietta...
trr trr trr terit tirit...
   Fuori, in terra, frusciano foglie
cadute. Nell'Alpe lontana
ce n'è un mucchio grande che accoglie
la verde tua palla di lana.
Nido verde tra foglie morte,
che fanno, ad un soffio più forte...
trr trr trr terit tirit...

4. Il compagno dei taglialegna

I

   Nel bosco, qua e là, lombardi
sono taciti al lavoro.
   Dall'alba s'ode sino a tardi
sci e *sci* e *sci* e *sci*...
   E` oltre mare l'Alpe loro,
mare, donde nasce il dì.

II

   A due a due: l'uno tra il vento,
l'altro, inginocchiato in faccia.
   Da basso il vecchio bianco e scento,
in alto la gioventù.
   E forza con le forti braccia!
Su e giù, e su e giù.

III

   Con loro c'è il pittiere solo,
ora in terra, ora sul ramo.
   Fa un salto, un frullo, un giro, un volo;
molleggia, più qui, più lì:
   e fa sentire il suo richiamo
tra quel *sci* e *sci* e *sci*...

IV

   Il Santo aveva da piombare
un bel toppo di cipresso.
   Maria restava al focolare
che dava latte a Gesù.
   Ora il pittiere era li presso.
Disse il Santo: - Vien qui tu! -

V

Tuffò la spugna il Santo, ed ecco
tinse di sinopia il filo.
  - Un capo tieni tu col becco -
disse al pittiere: - costì! -
  Maria non più dal dolce asilo
ora udiva *sci... sci... sci...*

VI
  E' sdipanava col girello,
zitto, il filo per la trave.
  L'aveva teso già bel bello,
stava per batterlo su...
  Ma ecco si sentì: AVE!
Era Maria con Gesù.

VII
  Il pittiere si voltò netto...
Torto venne il segno rosso.
  La spugna gli gettò nel petto
San Giuseppe; e fu così
  che, diventato pettirosso,
quando sente *sci... sci... sci...*

VIII
  vien sempre, gira intorno al toppo,
guarda e frulla, guarda e vola;
  ma ora non s'accosta troppo,
ch'ora non si fida più:
  e col suo canto ti consola,
povera esule tribù!

5. "The hammerless gun"

To the children Percy and Valente de Bosis

  Dunque un *hammerless*! un... *hammerless*! (dono

10

del vostro babbo, o Percy, o Valentino;
del nostro Adolfo, il sapiente, il buono
  simposiarco)... O montanine belle,
lo vedrete il maestro di latino!
sì, lo vedrete il pedagogo imbelle!
  E lungamente mi sorriderete,
quando venite ai Vespri a questa Cura
di San Nicola. Un *hammerless*! Sapete?
che non ha cani: a triplice chiusura.
  "Bello, ma dica: quello del Fusari..."
"Questo è un *hammerless*!" "Quello non ha cani".
"Questo è inglese!" Ah! *inghilese*! "Di Field, cari!"
  Tacciono: io regno indifferente e cupo.
"Codeste selve batterò domani..."
tra me dico, a voce alta. "In bocca al lupo!"
  Ecco l'alba (tra selve aride i fossi
vanno col fumo di vaporiere),
piena d'un tintinnìo di pettirossi,
cui risponde un *tac tac* di capinere...
  Su la nebbia che fuma dal sonoro
Serchio, leva la Pania alto la fronte
nel sereno: un aguzzo blocco d'oro,
  su cui piovano petali di rose
appassite. Io che l'amo, il vecchio monte,
gli parlo ogni alba, e molte dolci cose
  gli dico:

LA PANIA

  O monte, che regni tra il fumo
del nembo, e tra il lume degli astri,
tu nutri nei poggi il profumo
di timi, di mente e mentastri.
  Tu pascoli le api, o gigante:
tu meni nei borri profondi
la piccola greggia ronzante.
  Sei grande, sei forte: e dai cavi
tuoi massi tu gemi, tu grondi
del limpido flutto dei favi.

Sei buono tu, grande tra i grandi:
né spregi la nera capanna.
Al pio boscaiolo tu mandi
sovente la ricca tua manna.

Gli mandi un tuo sciame, che scende
giù giù per la valle remota,
qual tremulo nuvolo, e splende.

Lo segue un tumulto canoro;
ché timpani, cembali, crotali
chiamano il nuvolo d'oro. -

Dico: egli ride roseo, ma scorso
il suo minuto, ridoventa azzurro
e grave. Io scendo lungo il Rio dell'Orso,
ne seguo un poco il fievole sussurro.

E me segue un *tac tac* di capinere,
e me segue un *tin tin* di pettirossi,
un *zisteretetet* di cincie, un *rererere*
di cardellini. Giungo dove il greto
s'allarga, pieno di cespugli rossi
di vetrici: il mio luogo alto e segreto.

Giungo: e ne suona qualche frullo, un misto
di gridii, pigolii, scampanellii,
che cessa a un tratto. L'*hammerless* m'ha visto
un fringuello, che fa: Zitti! *sii sii*

(*sii sii* è nella lingua dei fringuelli
quello che *hush* o *still*, o Percy, in quella
di mamma: zitti! tacciano i monelli)...

E sento *tellterelltelltelltelltell* (sai?
tellterelltelltelltelltell nella favella
dei passeri vuol dire *come out! fly!*
scappa, *boy*, c'è il *babau*!)... Dunque più nulla.
Silenzio. Odo il ruscello che gorgoglia,
e non altro. Il fringuello agile frulla
e, lontano, *finc finc*... Cade una foglia...

Proprio l'ultima (guardo) d'un querciolo
secco! E` bastato il soffio di quell'ala,
è bastata la molla di quel volo:

eccola giù. Mi siedo sopra il greppo.
Era come una spoglia di cicala
(penso), rimasta a quel non più che un ceppo:
　era gialla, era gracile; ma era
l'ultima; che più dì, pendula, tenne...
Come il povero vecchio ora dispera,
vicino al Rio che mormora perenne!
　Sono mesto. Perché? Non lo so dire.
Intanto, tra le canne, tra la stipa,
sento un brusire ed uno squittinire,
　che dico? un parlottare piano piano.
Ma sì, parlano a me, che dalla ripa
tacito ascolto, il mento su la mano.
　Sento:

IL PITTIERE

- *Tin tin*! anche te? che c'invidi
due pippoli e due gremignoli?
tin tin, te che piangi sui nidi
che pìano pìano soli?
　Si viene, tu vedi, da bianche
montagne, da boschi d'abeti,
con l'ale, puoi credere, stanche.
　Si fa questi bruci, che sono
nei bussoli e negli scopeti...
Sapessi che fame!... Sii buono! -
　E poi:

LA CAPINERA

- *Tac tac*! anche te? non rammenti
le sere di quella tua mesta
città? le tue lagrime ardenti?
quel canto d'ignota foresta
　tra l'onda di tante campane,
tanti urli di folla, e tra il sordo
fragore di ruote lontane?
　Piangevi: e saliva il mio canto,
con l'eco d'antico ricordo,
col suono di nuovo rimpianto. -

E poi:

L'ALLODOLA

- *Uid uid*! anche tu ci fai guerra?
tu che ci assomigli pur tanto,
col nido tra il grano, per terra,
ma sopra le nubi, col canto?

  Te rode una cura segreta;
tu cerchi l'oblìo de' tuoi mali.
Ma sei come tutti, o poeta?

  Tu piangi il tuo povero nido
per terra... Ma vieni, ma sali,
ma lancia nel sole il tuo grido! -

  Cara allodola! - E dopo? - Dopo? Impugno
l'*hammerless* e... ritorno via. Si rischia
d'infreddare: gennaio non è giugno.
Tra i ginepri c'è un merlo che mi fischia.

  E un forasiepe: - Eh! tu torni... so dove.
Oh! il tuo bel nido, che nemmen ci piove!

6. Nebbia

  Nascondi le cose lontane,
tu nebbia impalpabile e scialba,
tu fumo che ancora rampolli,
        su l'alba,
  da' lampi notturni e da' crolli
        d'aeree frane!
  Nascondi le cose lontane,
nascondimi quello ch'è morto!
Ch'io veda soltanto la siepe
        dell'orto,
la mura ch'ha piene le crepe
        di valeriane.
  Nascondi le cose lontane:
le cose son ebbre di pianto!
Ch'io veda i due peschi, i due meli,

soltanto,
che dànno i soavi lor mieli
pel nero mio pane.
Nascondi le cose lontane
che vogliono ch'ami e che vada!
Ch'io veda là solo quel bianco
di strada,
che un giorno ho da fare tra stanco
don don di campane...
Nascondi le cose lontane,
nascondile, involale al volo
del cuore! Ch'io veda il cipresso
là, solo,
qui, solo quest'orto, cui presso
sonnecchia il mio cane.

7. I due girovaghi

Siamo soli. Bianca l'aria
vola come in un mulino.
Nella terra solitaria
siamo in due, sempre in cammino.
Soli i miei, soli i tuoi stracci
per le vie. Non altro suono
che due gridi:
                    - Oggi ci sono
e doman me ne vo...
                    - Stacci!
stacci! Stacci!
Io di qua, battendo i denti,
tu di là, pestando i piedi:
non ti vedo e tu mi senti;
io ti sento, e non mi vedi.
Noi gettiamo i nostri urlacci,
come cani in abbandono
fuor dell'uscio:
                    - Oggi ci sono
e doman me ne vo...
                    - Stacci!
stacci! stacci!
Questa terra ha certe porte,
che ci s'entra e non se n'esce.
E` il castello della morte.
S'ode qui l'erba che cresce:
crescer l'erba e i rosolacci
qui, di notte, al tempo buono:
ma nient'altro...
                    - Oggi ci sono
e doman me ne vo...
- Stacci!
stacci! stacci!
C'incontriamo... Io ti derido?!
No, compagno nello stento!

No, fratello! E` un vano grido
che gettiamo al freddo vento.
Né c'è un viso che s'affacci
per dire, Eh! spazzacamino!...
per dire, Oh! quel vecchiettino
degli stacci...

      degli stacci!...
      - *stacci! stacci!*

8. Il brivido

Mi scosse, e mi corse
le vene il ribrezzo.
Passata m'è forse
rasente, col rezzo
dell'ombra sua nera
la morte...
       Com'era?
Veduta vanita,
com'ombra di mosca:
una ombra infinita,
di nuvola fosca
che tutto fa sera:
la morte...
       Com'era?
Tremenda e veloce
come un uragano
che senza una voce
dilegua via vano:
silenzio e bufera:
la morte...
       Com'era?
Chi vede lei, serra
né apre più gli occhi.
Lo metton sotterra
che niuno lo tocchi,
gli chieda - Com'era?
rispondi...
       com'era? -

9. L'or di notte

Nelle case, dove ancora
si ragiona coi vicini
presso al fuoco, e già la nuora

porta a nanna i suoi bambini,
uno in collo e due per mano;
  pel camino nero il vento,
tra lo scoppiettar dei ciocchi,
porta un suono lungo e lento,
tre, poi cinque, sette tocchi,
da un paese assai lontano:
  tre, poi cinque e sette voci,
lente e languide, di gente:
voci dal borgo alle croci,
gente che non ha più niente:
- Fate piano! piano! piano!
  Non vogliamo saper nulla:
notte? giorno? verno? state?
Piano, voi, con quella culla!
che non pianga il bimbo... Fate
piano! piano! piano! piano!
  Non vogliamo ricordare
vino e grano, monte e piano,
la capanna, il focolare,
mamma, bimbi... Fate piano!
piano! piano! piano! piano!

10. Notte d'inverno

Il Tempo chiamò dalla torre
lontana... Che strepito! E` un treno
là, se non è il fiume che corre.
 O notte! Né prima io l'udiva,
lo strepito rapido, il pieno
fragore di treno che arriva;
 sì, quando la voce straniera,
di bronzo, me chiese; sì, quando
mi venne a trovare ov'io era,
        squillando squillando
        nell'oscurità.
 Il treno s'appressa... Già sento
la querula tromba che geme,
là, se non è l'urlo del vento.
 E il vento rintrona rimbomba,
rimbomba rintrona, ed insieme
risuona una querula tromba.
 E un'altra, ed un'altra. - Non essa
m'annunzia che giunge? - io domando.
- Quest'altra! - Ed il treno s'appressa
        tremando tremando
        nell'oscurità.
 Sei tu che ritorni. Tra poco
ritorni, tu, piccola dama,
sul mostro dagli occhi di fuoco.
 Hai freddo? paura? C'è un tetto,
c'è un cuore, c'è il cuore che t'ama
qui! Riameremo. T'aspetto.
 Già il treno rallenta, trabalza,
sta... Mia giovinezza, t'attendo!
Già l'ultimo squillo s'inalza
        gemendo gemendo
        nell'oscurità...
 E il Tempo lassù dalla torre
mi grida ch'è giorno. Risento

la tromba e la romba che corre.
  Il giorno è coperto di brume.
Quel flebile suono è del vento,
quel labile tuono è del fiume.
  E` il fiume ed è il vento, so bene,
che vengono vengono, intendo,
così come all'anima viene,
        piangendo piangendo,
        ciò che se ne va.

11. Le ciaramelle

Udii tra il sonno le ciaramelle,
ho udito un suono di ninne nanne.
Ci sono in cielo tutte le stelle,
ci sono i lumi nelle capanne.
Sono venute dai monti oscuri
le ciaramelle senza dir niente;
hanno destata ne' suoi tuguri
tutta la buona povera gente.
Ognuno è sorto dal suo giaciglio;
accende il lume sotto la trave;
sanno quei lumi d'ombra e sbadiglio,
di cauti passi, di voce grave.
Le pie lucerne brillano intorno,
là nella casa, qua su la siepe:
sembra la terra, prima di giorno,
un piccoletto grande presepe.
Nel cielo azzurro tutte le stelle
paion restare come in attesa;
ed ecco alzare le ciaramelle
il loro dolce suono di chiesa;
suono di chiesa, suono di chiostro,
suono di casa, suono di culla,
suono di mamma, suono del nostro
dolce e passato pianger di nulla.
O ciaramelle degli anni primi,
d'avanti il giorno, d'avanti il vero,
or che le stelle son là sublimi,
conscie del nostro breve mistero;
che non ancora si pensa al pane,
che non ancora s'accende il fuoco;
prima del grido delle campane
fateci dunque piangere un poco.
Non più di nulla, sì di qualcosa,
di tante cose! Ma il cuor lo vuole,
quel pianto grande che poi riposa,

quel gran dolore che poi non duole;
  sopra le nuove pene sue vere
vuol quei singulti senza ragione:
sul suo martòro, sul suo piacere,
vuol quelle antiche lagrime buone!

12. Per sempre!

Io t'odio?!... Non t'amo più, vedi,
non t'amo... Ricordi quel giorno?
Lontano portavano i piedi
un cuor che pensava al ritorno.
E dunque tornai... tu non c'eri.
Per casa era un'eco dell'ieri,
d'un lungo promettere. E meco
di te portai sola quell'eco:
   PER SEMPRE!
Non t'odio. Ma l'eco sommessa
di quella infinita promessa
vien meco, e mi batte nel cuore
col palpito trito dell'ore;
mi strilla nel cuore col grido
d'implume caduto dal nido:
   PER SEMPRE!
Non t'amo. Io guardai, col sorriso,
nel fiore del molle tuo letto.
Ha tutti i tuoi occhi, ma il viso...
non tuo. E baciai quel visetto
straniero, senz'urto alle vene.
Le dissi: "E a me, mi vuoi bene?"
"Sì, tanto!" E i tuoi occhi in me fisse.
"Per sempre?" le dissi. Mi disse:
   "PER SEMPRE!"
Risposi: "Sei bimba e non sai
Per sempre che voglia dir mai!"
Rispose: "Non so che vuol dire?
Per sempre vuol dire Morire...
Sì: addormentarsi la sera:
restare così come s'era,
   PER SEMPRE!"

13. La nonna

Tra tutti quei riccioli al vento,
tra tutti quei biondi corimbi,
sembrava, quel capo d'argento,
dicesse col tremito, *bimbi,*
     sì... piccoli, sì...
E i bimbi cercavano in festa,
talora, con grido giulivo,
le tremule mani e la testa
che avevano solo di vivo
     quel povero sì.
Sì, solo; *sì*, sempre, dal canto
del fuoco, dall'umile trono;
sì, per ogni scoppio di pianto,
per ogni preghiera: perdono,
     sì... voglio, sì... sì!
Sì, pure al lettino del bimbo
malato... La Morte guardava,
La Morte presente in un nimbo...
La tremula testa dell'ava
     diceva *sì! sì!*
Sì, sempre; sì, solo; le notti
lunghissime, altissime! Nera
moveva, ai lamenti interrotti,
la Morte da un angolo... C'era
     quel tremulo *sì*,
quel *sì*, presso il letto... E sì, prese
la nonna, la prese, lasciandole
vivere il bimbo. Si tese
quel capo in un brivido blando,
     nell'ultimo *sì*.

14. La canzone della granata

I

Ricordi quand'eri saggina,
coi penduli grani che il vento
scoteva, come una manina
di bimbo il sonaglio d'argento?
Cadeva la brina; la pioggia
cadeva: passavano uccelli
gemendo: tu gracile e roggia
tinnivi coi cento ramelli.
Ed oggi non più come ieri
tu senti la pioggia e la brina,
ma sgrigioli come quand'eri
saggina.

II

Restavi negletta nei solchi
quand'ogni pannocchia fu colta:
te, colsero, quando i bifolchi
v'ararono ancora una volta.

Un vecchio ti prese, recise,
legò; ti privò della bella
semenza tua rossa; e ti mise
nell'angolo, ad essere ancella.

E in casa tu resti, in un canto,
negletta qui come laggiù;
ma niuno è di casa pur quanto
       sei tu.

III

Se t'odia colui che la trama
distende negli alti solai,
l'arguta gallina pur t'ama,
cui porti la preda che fai.

E t'ama anche senza, ché ai costi
ti sbalza, ed i grani t'invola,
residui del tempo che fosti
saggina, nei campi già sola.

Ma più, gracilando t'aspetta
con ciò che in tua vasta rapina
le strascichi dalla già netta
       cucina.

IV

Tu lasci che t'odiino, lasci
che t'amino: muta, il tuo giorno,
nell'angolo, resti, coi fasci
di stecchi che attendono il forno.

Nell'angolo il giorno tu resti,
pensosa del canto del gallo;
se al bimbo tu già non ti presti,
che viene, e ti vuole cavallo.

Riporti, con lui che ti frena,
le paglie ch'hai tolte, e ben più;
e gioia or n'ha esso; ma pena
        poi tu.

V
Sei l'umile ancella; ma reggi
la casa: tu sgridi a buon'ora,
mentre impaziente passeggi,
gl'ignavi che dormono ancora.
  E quanto tu muovi dal canto,
la rondine è ancora nel nido;
e quando comincia il suo canto,
già ode per casa il tuo strido.

E l'alba il suo cielo rischiara,
ma prima lo spruzza e imperlina,
così come tu la tua cara
   casina.

VI

Sei l'umile ancella, ma regni
su l'umile casa pulita.
Minacci, rimproveri; insegni
ch'è bella, se pura, la vita.

Insegni, con l'acre tua cura
rodendo la pietra e la creta,
che sempre, per essere pura,
si logora l'anima lieta.

Insegni, tu sacra ad un rogo
non tardo, non bello, che più
di ciò che tu mondi, ti logori
   tu!

15. La voce

C'è una voce nella mia vita,
che avverto nel punto che muore;
voce stanca, voce smarrita,
col tremito del batticuore:
  voce d'una accorsa anelante,
che al povero petto s'afferra
per dir tante cose e poi tante,
ma piena ha la bocca di terra:
  tante tante cose che vuole
ch'io sappia, ricordi, sì... sì...
ma di tante tante parole
non sento che un soffio... *Zvanî*...
  Quando avevo tanto bisogno
di pane e di compassione,
che mangiavo solo nel sogno,
svegliandomi al primo boccone;
  una notte, su la spalletta
del Reno, coperta di neve,
dritto e solo (passava in fretta
l'acqua brontolando, Si beve?);
  dritto e solo, con un gran pianto
d'avere a finire così,
mi sentii d'un tratto daccanto
quel soffio di voce... *Zvanî*...
  Oh! la terra, com'è cattiva!
la terra, che amari bocconi!
Ma voleva dirmi, io capiva:
- No... no... Di' le devozioni!
  Le dicevi con me pian piano,
con sempre la voce più bassa:
la tua mano nella mia mano:
ridille! vedrai che ti passa.
  Non far piangere piangere piangere
(ancora!) chi tanto soffrì!
il tuo pane, prega il tuo angelo

che te lo porti... *Zvanî*... -
  Una notte dalle lunghe ore
(nel carcere!), che all'improvviso
dissi - Avresti molto dolore,
tu, se non t'avessero ucciso,
  ora, o babbo! - che il mio pensiero,
dal carcere, con un lamento,
vide il babbo nel cimitero,
le pie sorelline in convento:
  e che agli uomini, la mia vita,
volevo lasciargliela lì...
risentii la voce smarrita
che disse in un soffio... *Zvanî*...

Oh! la terra come è cattiva!
non lascia discorrere, poi!
Ma voleva dirmi, io capiva:
- Piuttosto di' un requie per noi!

Non possiamo nel camposanto
più prendere sonno un minuto,
ché sentiamo struggersi in pianto
le bimbe che l'hanno saputo!

Oh! la vita mia che ti diedi
per loro, lasciarla vuoi qui?
qui, mio figlio? dove non vedi
chi uccise tuo padre... *Zvanî*?... -

Quante volte sei rivenuta
nei cupi abbandoni del cuore,
voce stanca, voce perduta,
col tremito del batticuore:

voce d'una accorsa anelante
che ai poveri labbri si tocca
per dir tante cose e poi tante;
ma piena di terra ha la bocca:

la tua bocca! con i tuoi baci,
già tanto accorati a quei dì!
a quei dì beati e fugaci
che aveva i tuoi baci... *Zvanî*!...

che m'addormentavano gravi
campane col placido canto,
e sul capo biondo che amavi,
sentivo un tepore di pianto!

che ti lessi negli occhi, ch'erano
pieni di pianto, che sono
pieni di terra, la preghiera
di vivere e d'essere buono!

Ed allora, quasi un comando,
no, quasi un compianto, t'uscì
la parola che a quando a quando
mi dici anche adesso... *Zvanî*...

16. Il sole e la lucerna

I

In mezzo ad uno scampanare fioco
sorse e batté su taciturne case
il sole, e trasse d'ogni vetro il fuoco.
  C'era ad un vetro tuttavia, rossastro
un lumicino. Ed ecco il sol lo invase,
lo travolse in un gran folgorìo d'astro.
  E disse, il sole: - Atomo fumido! io
guardo, e tu fosti. - A lui l'umile fiamma:
- Ma questa notte tu non c'eri, o dio;
e un malatino vide la sua mamma
  alla mia luce, fin che tu sei sorto.
Oh! grande sei, ma non ti vede: è morto! -

II

E poi, guizzando appena:
- Chiedeva te! che tosse!
voleva te! che pena!
  Tu ricordavi al cuore
suo le farfalle rosse
su le ginestre in fiore!
  Io stavo lì da parte...
gli rammentavo sere
lunghe di veglia e carte
piene di righe nere!
  stavo velata e trista,
per fargli il ben non vista. -

17. Il ciocco, Canto Primo

Il babbo mise un gran ciocco di quercia
su la brace; i bicchieri avvinò; sparse
il goccino avanzato; e mescé piano
piano, perché non croccolasse, il vino.

Ma, presa l'aria, egli mesceva andante.
E ciascuno ebbe in mano il suo bicchiere,
pieno, fuor che i ragazzi; essi, al bicchiere
materno, ognuno ne sentiva un dito.
Fecero muti i vegliatori il saggio,
lodando poi, parlando dei vizzati
buoni; ma poi passarono allo strino,
quindi all'annata trista e tribolata.
E le donne ripresero a filare,
con la rócca infilata nel pensiere:
tiravano prillavano accoccavano
sfacendo i gruppi a or a or coi denti.
Come quando nell'umida capanna
le magre manze mangiano, e via via,
soffiando nella bassa greppia vuota,
alzano il muso, e dalla rastrelliera
tirano fuori una boccata d'erba;
d'erba lupina co' suoi fiori rossi,
nel maggio indafarito, ma nel verno,
d'arida paglia e tenero guaime;
così dalla mannella, ogni momento,
nuova tiglia guidata era nel fuso.
   Io dissi: "Brucia la capanna a gente!"
E i vegliatori, col bicchiere in mano,
tutti volsero gli occhi alla finestra,
quasi a vedere il lustro della vampa,
ad ascoltare il martellare a fuoco,
ton ton ton, nella notte insonnolita.
Non c'era nella notte altro splendore
che di lontane costellazioni,
e non c'era altro suono di campana,
se non della campana delle nove,
che da Barga ripete al campagnolo:
- Dormi, che ti fa bono! bono! bono! -
Non capparone ardeva per le selve,
zeppo di fronde aspre dal tramontano;
non meta di vincigli di castagno,

fatti d'agosto per serbarli al verno;
non metato soletto in cui seccasse
a un fuoco dolce il dolce pan di legno:
sopra le cannaiole le castagne
cricchiano, e il rosso fuoco arde nel buio.
Al buio il rio mandava un gorgoglìo,
come s'uno ci fosse a succhiar l'acqua.
Tutto era pace: sotto ogni catasta
sornacchiava il suo ghiro rattrappito.
In cima al colle un nero metatello
fumava appena in mezzo alla Grand'Orsa.
  Che bruciava?... La quercia, assai vissuta,
fu scalzata da molte opre, e fu svelta
e giacque morta. Ma la secca scorza,
all'acqua e al sole rifiorì di muschi;
e un'altra vita brulicò nel legno
che intarmoliva: un popolo infinito
che ben sapeva l'ordine e la legge,
v'impresse i solchi di città ben fatte.
E chi faceva nuove case ai nuovi,
e chi per tempo rimettea la roba,
e chi dentro allevava i dolci figli,
e chi portava i cari morti fuori.
Quando s'udì l'ingorda sega un giorno
rodere rauca torno torno il tronco;
e il secco colpo rimbombò del mazzo
calato da un ansante ululo d'uomo.
E il tronco sodo ora sputava fuori
la zeppola d'acciaio con uno sprillo,
or la pigliava, e si sentiva allora
crepare il legno frangolo, e stioccare
le stiglie, or dalla gran forza strappate,
ora recise dalla liscia accetta:
lucida accetta che alzata a due mani
spaccava i ciocchi e ne facea le schiampe.
Le schiampe alcuno accatastò; poi altri
se le portò nella legnaia opaca.

Del popolo infinito era una gente
rimasta in un dei ciocchi. Ebbe l'accetta
molte case distrutte, ebbe d'un colpo
il mazzo molte sue tribù schicciate.
Ma i sorvissuti non sapean già nulla:
ché volgendo i lor mille anni in un anno,
chi schivò l'ascia, chi campò dal mazzo,
l'ago sentì, che, dopo un po' che cuce,
il Tempo, uggito, punta nel lavoro,
e se ne va. Nessuno ora sapeva
che il mondo loro fu congiunto al tutto
della gran quercia sotto un cielo azzurro.
Sapeva ognuno che non c'era altr'aria
che quell'odor di mucido, altro suono
che il grave gracilar delle galline
e il sottile stridìo dei pipistrelli:
dei pipistrelli che pendeano a pigne
dai cantoni, nel giorno, quando il sole
facea passare i fili suoi tra i licci
d'una tela che ordiva un vecchio ragno.
Così passava la lor cauta vita
nell'odoroso tarmolo del ciocco:
e chi faceva nuove case ai nuovi,
e chi per tempo rimettea la roba,
e chi dentro allevava i dolci figli,
e chi portava i cari morti fuori.
   E videro l'incendio ora e la fine
i vegliatori: disse ognun la sua.
   E disse il Biondo, domator del ferro,
cui la verde Corsonna ama, e gli scende
cantando per le selve allo stendino,
e per lui picchia non veduta il maglio:
"Vogliono dire ch'hanno tutti i ferri,
quanti con sé porta il bottaio, allora
ch'è preso a opra avanti la vendemmia:
l'aspro saracco, l'avido succhiello,
e tenaglie che azzeccano, e rugnare

di scabra raspa e scivolar di pialla.
Ché non hanno bottega: a giro vanno
come il nero magnano, quando passa
con quello scampanìo sopra il miccetto;
ossia concino, o fradicio ombrellaio,
voce del verno, la qual morde il cuore
a chi non fece le rimesse a tempo.
Né leo leo vanno, come loro.
Piglian le gambe e stradano, la vita,
come noi, strinta dal grembial di cuoio".
  E disse il Topo, portatore in collo,
primo, fuor che del Nero; sì, ma questi
porta più poco, e brontola incaschito:
- Carico piccolo è che scenta il bosco -:
"Vogliono dire ch'han la tiglia soda
più che nimo altri che di mattinata
porti in monte il cavestro e la bardella.
E hanno l'arte, perché intorno al peso
girano ora all'avanti ora all'indietro
or dalle parti, per entrarci sotto.
Se lo possono, via, telano; quando
non lo possono, vanno per aiuto;
e su e su, per una carraiuola:
come una nera fila di muletti
di solitari carbonai, su l'Alpe,
che in quel silenzio semina i tintinni
de' suoi sonagli. Alcuno ecco s'espone,
come anco noi, per ragionar con altri
che scende, e frescheggiare allo sciurino".
  E disse il Menno, vangatore a fondo,
a cui la terra, nell'aprir d'aprile,
rotta e domata ai piedi ansa e rifiata:
e' la sogguarda curvo su l'astile:
"Ho inteso dire ch'hanno i suoi poderi,
come noi. Sotto le città ben fatte
coltano un campo sodo: che bel bello
si fa lo scasso, e qua si tira dentro,

là si leva la terra, e si tramuta
con le pale o valletti e cestinelle.
La pareggiano, seminano. Nasce
un'erba. Ed ecco poi vanno a pulirla,
levano il loglio, scerbano i vecciuli,
e scentano la sciàmina, cattiva,
e la gramigna, che riè cattiva,
e i paternostri, ch'è peggior di tutte.
A suo tempo si sega, lega, ammeta,
scuote, ventola, spula. Eccolo bello
nel bel soppiano dai due godi il grano".
  E disse il Bosco, buon pastor di monte,
ch'era ad albergo: egli da Pratuscello
mena il branco alla Pieve, a quei guamacci:
per là dicon guamacci: è il terzo fieno:
  "Ho inteso dire ch'hanno le sue bestie:
quali, pecore, e quali, proprio bestie,
ossia da frutto, ovvero anche da groppa.
Ma piccoline e verdi queste, e quelle
con una lana molle come sputo:
pascono in cento un cuccolo di fiore.
E il pastore ha due verghe, esso, non una:
due, con nodetti, come canne; e molge
con esse: le vellìca, e dànno il latte;
o chiuse dentro, o fuori, per le prata:
come noi, che si molge all'aria aperta,
nella statina, le serate lunghe:
quando su l'Alpe c'è con noi la luna
sola, che passa, e splende sui secchielli,
e il poggio rende un odorin che accora".
  E disse il Quarra, un capo, uno che molto
girò, portando santi e re sul capo,
di là dei monti e del sonante mare:
ora s'è fermo, e campa a campanello:
"Lessi in un libro, ch'hanno contadini
come noi; ma non come mezzaiuoli
timidi sol del Santo pescatore,

e che, d'ottobre, quando uno scasato
cerca podere, a lui dice il fringuello:
- Ce n'è, ce n'è, ce n'è, Francesco mio! -
Quelli no, sono negri. Alla lor terra
venne un lontano popolo guerriero,
che il largo fiume valicò sul ponte.
Fecero un ponte: l'uno chiappò l'altro
per le gambe, e così tremolò sopra
l'acqua una lunga tavola. Fu presa
la munita città, presi i fanciulli,
ch'or sono schiavi e fanno le faccende;
e il vincitore campa a campanello".
   E qui la China, madre d'otto figli
già sbozzolati, accoccò il filo al fuso,
mise il fuso sul legoro, le tiglie
si strusciò dalla bocca arida; e disse:
   "Io l'ho vedute, come fanno ai figli
le madri, ossia le balie. Hanno figlioli
quasi fasciati dentro un bozzolino.
Lo sa la mamma che lì dentro è chiuso
il lor begetto, ch'è cicchin cicchino,
e dorme, e gli fa freddo e gli fa caldo.
Lasciano all'altre le faccende, ed esse
altro non fanno che portare il loro
furigello ora all'ombra ed ora all'aspro,
in collo, come noi; ch'è da vedere
come via via lo tengono pulito,
come lo fanno dolco con lo sputo;
e infine con la bocca aprono il guscio,
come a dire, le fasce; e il figliolino
n'esce, che va da sé, ma gronchio gronchio".
   Così parlando, essi bevean l'arzillo
vino, dell'anno. E mille madri in fuga
correan pei muschi della scorza arsita,
coi figli, e c'era d'ogni intorno il fuoco;
e il fuoco le sorbiva con un breve
crepito, né quel crepito giungeva

al nostro udito, più che l'erme vette
d'Appennino e le aguzze Alpi apuane,
assise in cerchio, con l'aeree grotte
intronate dal cupo urlo del vento,
odano lo stridor d'un focherello
ch'arde laggiù laggiù forse un villaggio
con le sue selve; un punto, un punto rosso
or sì or no. Né pur vedea la gente
là, che moriva, i mostri dalla ferrea
voce e le gigantesse filatrici:
i mostri che reggean concavi laghi
di sangue ardente, mentre le compagne
con moto eterno, tra un fischiar di nembi,
mordean le bigie nuvole del cielo.
Ma non vedeva il popolo morente
gli dei seduti intorno alla sua morte,
fatti di lunga oscurità: vedeva,
forse in cima all'immensa ombra del nulla,
su, su, su, donde rimbombava il tuono
della lor voce, nelle occhiute fronti,
da un'aurora notturna illuminate,
guizzare i lampi e scintillar le stelle.
  E lo Zi Meo parlò. Disse: "Formiche!
L'altr'anno seminai l'erba lupina.
Venne la pioggia: non ne nacque un filo.
Vennero i soli: il campo parea sodo.
Un giorno che v'andai, vidi sul ciglio
del poggio un mucchiarello alto di chicchi.
Guardai per tutto. Ad ogni poco c'era
un mucchiarello. Erano i semi, i semi
d'erba lupina. Avean rumato poco?
Non un chicco, ch'è un chicco, era rimasto!
Aveano fatto, le formiche, appietto!
E ben sì che v'avevo anco passato
l'erpice a molti denti, e su la staggia,
per tutte bene pianeggiar le porche,
mi facev'ir di qua di là, come uno

41

fa, nel passaggio, in mezzo all'Oceàno".

17. Il ciocco, Canto Secondo

   Ed il ciocco arse, e fu bevuto il vino
arzillo, tutto. Io salutai la veglia
cupo ronzante, e me ne andai: non solo:
m'accompagnava lo Zi Meo salcigno.
Era novembre. Già dormiva ognuno,
sopra le nuove spoglie di granturco.
Non c'era un lume. Ma brillava il cielo
d'un infinito riscintillamento.
E la Terra fuggiva in una corsa
vertiginosa per la molle strada,
e rotolava tutta in sé rattratta
per la puntura dell'eterno assillo.
E rotolando per fuggir lo strale
d'acuto fuoco che le ruma in cuore,
ella esalava per lo spazio freddo
ansimando il suo grave alito azzurro.
Così, nel denso fiato della corsa
ella vedeva l'iridi degli astri
sguazzare, e nella cava ombra del Cosmo
ella vedeva brividi da squamme
verdi di draghi, e svincoli da fruste
rosse d'aurighi, e lampi dalle freccie
de' sagittari, e spazzi dalle gemme
delle corone, e guizzi dalle corde
delle auree lire; e gli occhi dei leoni
vigili e i sonnolenti occhi dell'orse.
   Noi scambiavamo rade le ginocchia
sotto le stelle. Ad ogni nostro passo
trenta miglia la terra era trascorsa,
coi duri monti e le maree sonore.
E seco noi riconduceva al Sole,
e intorno al Sole essa vedea rotare

gli altri prigioni, come lei, nel cielo,
di quella fiamma, che con sé li mena.
Come le sfingi, fosche atropi ossute,
l'acri zanzare e l'esili tignuole,
e qualche spolverìo di moscerini,
girano intorno una lanterna accesa:
una lanterna pendula che oscilla
nella mano d'un bimbo: egli perduta
la monetina in una landa immensa,
la cerca invano per la via che fece
e rifà ora singhiozzando al buio:
e nessun ode e vede lui, ch'è ombra,
ma vede e svede un lume che cammina,
né par che vada, e sempre con lui vanno,
gravi ronzando intorno a lui, le sfingi:
lontan lontano son per tutto il cielo
altri lumi che stanno, ombre che vanno,
che per meglio vedere alzano in vano
verso le solitarie Nebulose
l'ardor di Mira e il folgorio di Vega.
   Così pensavo; e non trovai me stesso
più, né l'alta marmorea Pietrapana,
sopra un grano di polvere dell'ala
della falena che ronzava al lume:
dell'ala che in quel punto era nell'ombra;
della falena che coi duri monti
e col sonoro risciacquar dei mari
mille miglia in quel punto era trascorsa.
Ed incrociò con la sua via la strada
d'un mondo infranto, e nella strada ardeva,
come brillante nuvola di fuoco,
la polvere del suo lungo passaggio.
Ma niuno sa donde venisse, e quanto
lontane plaghe già battesse il carro
che senza più l'auriga ora sfavilla
passando rotto per le vie del Sole.
Né sa che cosa carreggiasse intorno

ad uno sconosciuto astro di vita,
allora forse di su lui cantando
i viatori per la via tranquilla;
quando urtò, forviò, si spezzò, corse
in fumo e fiamme per gli eterei borri,
precipitando contro il nostro Sole,
versando il suo tesoro oltresolare:
stelle; che accese in un attimo e spente,
rigano il cielo d'un pensier di luce.

  Là, dove i mondi sembrano con lenti
passi, come concorde immensa mandra,
pascere il fior dell'etere pian piano,
beati della eternità serena;
pieno è di crolli, e per le vie, battute
da stelle in fuga, come rossa nube
fuma la densa polvere del cielo;
e una mischia incessante arde tra il fumo
delle rovine, come se Titani
aeriformi, agli angoli del Cosmo,
l'un l'altro ardendo di ferir, lo spazio
fendessero con grandi astri divelti.
Ma verrà tempo che sia pace, e i mondi,
fatti più densi dal cader dei mondi,
stringan le vene e succhino d'intorno
e in sé serrino ogni atomo di vita:
quando sarà tra mondo e mondo il Vuoto
gelido oscuro tacito perenne;
e il Tutto si confonderà nel Nulla,
come il bronzo nel cavo della forma;
e più la morte non sarà. Ma il vento
freddo che sibilando odo staccare
le foglie secche, non sarà più forse,
quando si spiccherà l'ultima foglia?
E nel silenzio tutto avrà riposo
dalle sue morti; e ciò sarà la morte.

  Io riguardava il placido universo

e il breve incendio che v'ardea da un canto.

Tempo sarà (ma è! poi ch'il veloce
immobilmente fiume della vita
è nella fonte, sempre, e nella foce),
   tempo, che persuasa da due dita
leggiere, mi si chiuda la pupilla:
né però sia la vision finita.
   Oh! il cieco io sia che, nella sua tranquilla
anima, vede, fin che sa che intorno
a lui c'è qualche aperto occhio che brilla!
   Così, quand'io, nel nostro breve giorno,
guardo, e poi, quasi in ciò che guardo un velo
fosse, un'ombra, col lento occhio ritorno
   a un guizzo d'ala, a un tremolìo di stelo:
qundo a mirar torniamo anche una volta
ciò ch'arde in cuore, ciò che brilla in cielo;
   noi s'è la buona umanità che ascolta
l'esile strido, il subito richiamo,
il dubbio della umanità sepolta:
   e le risponde: - Io vivo, sì, viviamo. -

Tempo sarà che tu, Terra, percossa
dall'urto d'una vagabonda mole,
divampi come una meteora rossa;
   e in te scompaia, in te mutata in Sole,
morte con vita, come arde e scompare
la carta scritta con le sue parole.
   Ma forse allora ondeggerà nel Mare
del nettare l'azzurra acqua, e la vita
verzicherà su l'Appennin lunare.
   La vecchia tomba rivivrà, fiorita
di ninfèe grandi, e più di noi sereno
vedrà la luce il primo Selenita.
   Poi, la placida notte, quando il Seno
dell'iridi ed il Lago alto e selvaggio
dei sogni trema sotto il Sol terreno;

errerà forse, in quell'eremitaggio
del Cosmo, alcuno in cerca del mistero;
e nello spettro ammirerà d'un raggio
    la traccia ignita dell'uman pensiero.

    O sarà tempo, che di là, da quella
profondità dell'infinito abisso,
dove niuno mai vide orma di stella;
    un atomo d'un altro atomo scisso
in mille nulla, a mezzo il dì, da un canto
guardi la Terra come un occhio fisso;
    e venga, e sembri come un elianto,
la notte, e il giorno, come luna piena;
e la Terra alzi il cupo ultimo pianto;
    e sotto il nuovo Sole che balena
nella notte non più notte, risplenda
la Terra, come una deserta arena;
    e Sole avanzi contro Sole, e prenda
già mezzo il cielo, e come un cielo immenso
su noi discenda, e tutto in lui discenda...
    Io guardo là dove biancheggia un denso
sciame di mondi, quanti atomi a volo
sono in un raggio: alla Galassia: e penso:
    O Sole, eterno tu non sei - né solo! -

    Anima nostra! fanciulletto mesto!
nostro buono malato fanciulletto,
che non t'addormi, s'altri non è desto!
    felice, se vicina al bianco letto
s'indugia la tua madre che conduce
la tua manina dalla fronte al petto;
    contento almeno, se per te traluce
l'uscio da canto, e tu senti il respiro
uguale della madre tua che cuce;
    il respiro o il sospiro; anche il sospiro;
o almeno che tu oda uno in faccende
per casa, o almeno per le strade a giro;

o veda almeno un lume che s'accende
da lungi, e senta un suono di campane
che lento ascende e che dal cielo pende;
   almeno un lume, e l'uggiolìo d'un cane:
un fioco lume, un debole uggiolìo:
un lumicino... Sirio: occhio del Cane
   che veglia sopra il limitar di Dio!

   Ma se al fine dei tempi entra il silenzio?
se tutto nel silenzio entra? la stella
della rugiada e l'astro dell'assenzio?
   Atair, Algol? se, dopo la procella
dell'Universo, lenta cade e i Soli
la neve della Eternità cancella?
   che poseranno senza mai più voli
né mai più urti né mai più faville,
fermi per sempre ed in eterno soli!
   Una cripta di morti astri, di mille
fossili mondi, ove non più risuoni
né un appartato gocciolìo di stille;
   non fiumi più, di tanti milioni
d'esseri, un fiato; non rimanga un moto,
delle infinite costellazioni!
   Un sepolcreto in cui da sé remoto
dorma il gran Tutto, e dalle larghe porte
non entri un sogno ad aleggiar nel vuoto
   sonno di ciò che fu! - Questa è la morte! -

   Questa, la morte! questa sol, la tomba...
se già l'ignoto Spirito non piova
con un gran tuono, con una gran romba;
   e forse le macerie anco sommuova,
e batta a Vega Aldebaran che forse
dian, le due selci, la scintilla nuova;
   e prenda in mano, e getti alle lor corse,
sotto una nuova lampada polare,
altri Cigni, altri Aurighi, altre Grand'Orse;

e li getti a cozzare, a naufragare,
a seminare dei rottami sparsi
del lor naufragio il loro etereo mare;
  e li getti a impietrarsi a consumarsi,
fermi i lunghi millenni de' millenni
nell'impietrarsi, ed in un attimo arsi;
  all'infinito lor volo li impenni,
anzi no, li abbandoni all'infinita
loro caduta: a rimorir perenni:
  alla vita alla vita, anzi: alla vita!
  Io mi rivolgo al segno del Leone
dond'arde il fuoco in che si muta un astro,
alle Pleiadi, ai Carri, alle Corone,
indifferenti al tacito disastro;
  ai tanti Soli, ai Soli bianchi, ai rossi
Soli, lucenti appena come crune,
ai lor pianeti, ignoti a noi, ma scossi
dalla misteriosa ansia comune;
  a voi, a voi, girovaghe Comete
che sapete le vie del ciel profondo;
o Nebulose oscure, a voi che siete
granai del cielo, ogni cui grano è un mondo:
  di là di voi, di là del firmamento,
di là del più lontano ultimo Sole;
io grido il lungo fievole lamento
d'un fanciulletto che non può, non vuole
  dormire! di questa anima fanciulla
che non ci vuole, non ci sa morire!
che chiuder gli occhi, e non veder più nulla,
vuole sotto il chiaror dell'avvenire!
  morire, sì; ma che si viva ancora
intorno al suo gran sonno, al suo profondo
oblìo; per sempre, ov'ella visse un'ora;
nella sua casa, nel suo dolce mondo:
  anche, se questa Terra arsa, distrutto
questo Sole, dall'ultimo sfacelo
un astro nuovo emerga, uno, tra tutto

il polverìo del nostro vecchio cielo.
  Così pensavo: e lo Zi Meo guardando
ciò ch'io guardava, mormorò tranquillo:
"Stellato fisso: domattina piove".
Era andato alle porche il suo pensiero.
Bene egli aveva sementato il grano
nella polvere, all'aspro; e San Martino
avea tenuta per più dì la pioggia
per non scoprire e portar via la seme.
Ma era già durata assai la state
di San Martino, e facea bono l'acqua.
E lo Zi Meo, sicuro di svegliarsi
domani al rombo d'una grande acquata,
era contento, e andava a riposare,
parlando di Chioccetta e di Mercanti,
sopra le nuove spoglie di granturco,
la cara vita cui nutrisce il pane.

18. La tovaglia

  Le dicevano: - Bambina!
che tu non lasci mai stesa,
dalla sera alla mattina,
ma porta dove l'hai presa,
la tovaglia bianca, appena
ch'è terminata la cena!
Bada, che vengono i morti!
i tristi, i pallidi morti!
  Entrano, ansimano muti.
Ognuno è tanto mai stanco!
E si fermano seduti
la notte intorno a quel bianco.
Stanno lì sino al domani,
col capo tra le due mani,
senza che nulla si senta,
sotto la lampada spenta. -
  E` già grande la bambina:

la casa regge, e lavora:
fa il bucato e la cucina,
fa tutto al modo d'allora.
Pensa a tutto, ma non pensa
a sparecchiare la mensa.
Lascia che vengano i morti,
i buoni, i poveri morti.

  Oh! la notte nera nera,
di vento, d'acqua, di neve,
lascia ch'entrino da sera,
col loro anelito lieve;
che alla mensa torno torno
riposino fino a giorno,
cercando fatti lontani
col capo tra le due mani.

  Dalla sera alla mattina,
cercando cose lontane,
stanno fissi, a fronte china,
su qualche bricia di pane,
e volendo ricordare,
bevono lagrime amare.
Oh! non ricordano i morti,
i cari, i cari suoi morti!

  - Pane, sì... pane si chiama,
che noi spezzammo concordi:
ricordate?... E` tela, a dama:
ce n'era tanta: ricordi?...
Queste?... Queste sono due,
come le vostre e le tue,
due nostre lagrime amare
cadute nel ricordare! -

19. La schilletta di Caprona

I

  Sonata già l'Avemaria

50

dalla chiesa di Caprona,
si sente correre via via
la schilletta che risòna.
  Il poco viene dopo il tanto;
come là nella capanna:
un pianto ancora, un po' di pianto,
dopo tanta ninnananna!

II
  Un'ombra va col tintinnìo
di quel vecchio campanello;
e l'ombra passa lungo il rio,
gira il piccolo castello,
  si ferma un poco ad ogni soglia,
come vuole ancor quel primo
che non si sa chi fu, che voglia;
ch'era Nimo, il vecchio Nimo.

III
  Fu quando non c'era la fonte,
né la chiesa né il becchino.
Il suo muletto cadde in monte;
gli lasciò solo il bronzino,
  che avea maravigliato i botri
e le polle col suo canto,
quand'egli andava a su con gli otri,
al Saltello, al Lago Santo.

IV
  Al suon di questo che, le notti,
nell'immobile abetina
squillava tra i silenzi rotti
dal crocchiar di qualche pina,
  che su gli abissi senza voce
mise il suo dondolìo blando;
ognuno fa il segno di croce
che si fa pericolando.

V

O vecchio, o nostro vecchio buono,
or ci sono due campane;
ma quel tuo piccoletto suono
nel castello tuo rimane.
   O Nimo, o nostro vecchio Nimo!
or c'è un doppio bello e grave;
ma tu per noi sei stato il primo
a dirci Ave! Ave! Ave!

VI

E noi l'amiamo, il tuo bronzino,
che ci mandi, quando imbruna:
lo mandi per un fanciullino:
io lo vidi a un po' di luna.
   A un raggio pallido lo vidi:
è un ragazzo ch'hai, là, teco:
un garzonetto che ti guidi,
perché forse tu sei cieco.

VII

Lo mandi a noi su la sericcia,
che si chiudono le porte:
ha i piedi scalzi, ma scalpiccia
sopra tante foglie morte;
   non parla, ma passando in fretta
sgrolla qualche secco ramo;
per farci udir la tua schilletta
prima che ci addormentiamo.

20. Il primo cantore

I

  Il primo a cantare d'amore
      chi è?
Non si vede un boccio di fiore,
non ancora un albero ha mosso;
la calta sola e il titimalo
verdeggia su l'acqua del fosso:
e tu già canti, o saltimpalo,
     sicceccè... sicceccè...

II

  Un ramo non c'è, con due frasche,
per te!
Brulli sono meli e marasche;
forse il mandorlo ha imbottonato:
tu nella vigna sur un palo,
tu sul palancato d'un prato,
d'amore canti, o saltimpalo,
     sicceccè... sicceccè...

III

  Hai fretta di fare il tuo nido...
      perché?
Per un prato gira il tuo grido,
porti a un prato radiche e pappi:
non rischi dunque che sul calo
del verno si vanghi e si zappi!
Eppure gridi, o saltimpalo,
     sicceccè... sicceccè...

IV

  Hai fretta, sei savio, sai bene
      perché!
Viene il maggio, subito viene
la frullana grande che taglia...

Frulla, o falce! Forti su l'ali,
dal nido di musco e di paglia,
frullano i nuovi saltimpali...
  sicceccè... sicceccè...

21. La capinera

Il tempo si cambia: stasera
vuol l'acqua venire a ruscelli.
L'annunzia la capinera
tra li àlbatri e li avornielli:
                    tac tac.
  Non mettere, o bionda mammina,
ai bimbi i vestiti da fuori.
Restate, che l'acqua è vicina:
udite tra i pini e gli allori:
                    tac tac.
  Anch'essa nel tiepido nido
s'alleva i suoi quattro piccini:
per questo ripete il suo grido,
guardando il suo nido di crini:
                    tac tac.
  Già vede una nuvola a mare:
già, sotto le goccie dirotte,
vedrà tutto il bosco tremare,
covando tra il vento e la notte:
                    tac tac.

22. Foglie morte

Oh! che già il vento volta
e porta via le pioggie!
Dentro la quercia folta
ruma le foglie roggie
       che si staccano, e *fru*...
partono; un branco ad ogni
soffio che l'avviluppi.
Par che la quercia sogni
ora, gemendo, i gruppi
       del novembre che fu.
Volano come uccelli,
morte nel bel sereno:
picchiano nei ramelli
del roseo pesco, pieno
       de' suoi cuccoli già.
E il roseo pesco oscilla
pieno di morte foglie:
quale s'appende e prilla,
quale da lui si toglie
       con un sibilo, e va.
Ma quelle foglie morte
che il vento, come roccia,
spazza, non già di morte
parlano ai fiori in boccia,
       ma sussurrano: - Orsù!
Dentro ogni cocco all'uscio
vedo dei gialli ugnoli:
tu che costì nel guscio
di più covar ti duoli,
       che ti pèriti più?
Fuori le alucce pure,
tu che costì sei vivo!
Il vento ruglia... eppure
esso non è cattivo.
       Ruglia, brontola: ma...

contende a noi! Ché tutto
vuol che sia mondo l'orto
pei nuovi fiori, e il brutto,
il secco, il vecchio, il morto,
     vuol che netti di qua.
  Noi c'indugiammo dove
nascemmo, un po', ma era
per ricoprir le nuove
gemme di primavera... -
     Così dicono, e *fru...*
partono, ad un rabbuffo
più stridulo e più forte.
E tra un voletto e un tuffo
vanno le foglie morte,
     e non tornano più.

23. Canzone di marzo

  Che torbida notte di marzo!
Ma che mattinata tranquilla!
che cielo pulito! che sfarzo
di perle! Ogni stelo, una stilla
che ride: sorriso che brilla
     su lunghe parole.
  Le serpi si sono destate
col tuono che rimbombò primo
Guizzavano, udendo l'estate,
le verdi cicigne tra il timo;
battevan la coda sul limo
     le biscie acquaiole.
  Ancor le fanciulle si sono
destate, ma per un momento;
pensarono serpi, a quel tuono;
sognarono l'incantamento.
In sogno gettavano al vento
     le loro pezzuole.

Nell'aride bresche anco l'api
si sono destate agli schiocchi.
La vite gemeva dai capi,
fremevano i gelsi nei nocchi.
Ai lampi sbattevano gli occhi
        le prime viole.
Han fatto, venendo dal mare,
le rondini tristo viaggio.
Ma ora, vedendo tremare
sopr'ogni acquitrino il suo raggio,
cinguettano in loro linguaggio,
        ch'è ciò che ci vuole.
Sì, ciò che ci vuole. Le loro
casine, qualcuna si sfalda,
qualcuna è già rotta. Lavoro
ci vuole, ed argilla più salda;
perché ci stia comoda e calda
        la garrula prole.

24. Valentino

Oh! Valentino vestito di nuovo,
come le brocche dei biancospini!
Solo, ai piedini provati dal rovo
porti la pelle de' tuoi piedini;
  porti le scarpe che mamma ti fece,
che non mutasti mai da quel dì,
che non costarono un picciolo: in vece
costa il vestito che ti cucì.
  Costa; ché mamma già tutto ci spese
quel tintinnante salvadanaio:
ora esso è vuoto; e cantò più d'un mese
per riempirlo, tutto il pollaio.
  Pensa, a gennaio, che il fuoco del ciocco
non ti bastava, tremavi, ahimè!,
e le galline cantavano, *Un cocco!*
ecco ecco un cocco un cocco per te!
  Poi, le galline chiocciarono, e venne
marzo, e tu, magro contadinello,
restasti a mezzo, così con le penne,
ma nudi i piedi, come un uccello:
  come l'uccello venuto dal mare,
che tra il ciliegio salta, e non sa
ch'oltre il beccare, il cantare, l'amare,
ci sia qualch'altra felicità

25. Il croco

I
  O pallido croco,
nel vaso d'argilla,
ch'è bello, e non l'ami,
coi petali lilla
tu chiudi gli stami
        di fuoco:

le miche di fuoco
coi lunghi tuoi petali
chiudi nel cuore
tu leso, o poeta
dei pascoli, fiore
     di croco!
  Voi l'acqua di polla
ravvivi, o viole,
non chi la sua zolla
     rivuole!

II

  Ma messo ad un riso
di luce e di cielo,
per subito inganno
ritorna il tuo stelo
colà donde l'hanno
        diviso:
  tu pallido, e fiso
nel raggio che accora,
nel raggio che piace,
dimentichi ch'ora
sei esule, lacero,
        ucciso:
  tu apri il tuo cuore,
ch'è chiuso, che duole,
ch'è rotto, che muore,
        nel sole!

26. Fanciullo mendico

  Ho nel cuore la mesta parola
d'un bimbo ch'all'uscio mi viene.
Una lagrima sparsi, una sola,
per tante sue povere pene;
  e pur quella pensai che vanisse
negl'ispidi riccioli ignota:
egli alzò le pupille sue fisse,
sentendosi molle la gota.
  E io, quasi chiedendo perdono,
gli tersi la stilla smarrita,
con un bacio, e ponevo il mio dono
tra quelle sue povere dita.
  Ed allora ne intesi nel cuore
la voce che ancora vi sta:
Non li voglio: non voglio, signore,

che scemi le vostra pietà.
  E quand'egli già fuor del cancello
riprese il solingo sentiero,
io sentii, che, il suo grave fardello,
godeva a portarselo intiero:
  e chiamava sua madre, che sorta
pareva da nebbie lontane,
a vederlo; poi ch'erano, morta
lei, morta! ma lui senza pane.

27. La vite

Or che il cucco forse è vicino,
mentre i peschi mettono il fiore,
cammino, e mi pende all'uncino
la spada dell'agricoltore.
Il pennato porto, ché odo
già la prima voce del cucco...
cu... cu... io rispondo a suo modo:
mi dice ch'io cucchi, e sì, cucco.
Sì, ti cucco, vite, ché sento
già nel sole stridere l'api:
ti taglio ogni vecchio sarmento,
ti lascio tre occhi e due capi.
O che piangi, vite gentile,
perché al vento stai nuda nata?
Se anch'io tra i fioretti d'aprile
sembravo una vite tagliata!
Piangi quello che ti si toglie?
Ma ti cucco, taglio ed accollo,
perché, quando cadon le foglie,
tu abbia un tuo qualche grispollo!
O mia vite... no, o mia vita,
così torta meglio riscoppi!
E poi... com'è buono, alle dita,
l'odore di gemme di pioppi!
E parlare, ritto su loro,
col venuto di là dal mare,
chiedendogli, in mezzo al lavoro,
quant'anni si deve campare!

28. Il sonnellino

Guardai, di tra l'ombra, già nera,
del sonno, smarrendo qualcosa
lì dentro: nell'aria non era

che un cirro di rosa.
E il cirro dal limpido azzurro
splendeva sui grigi castelli,
levando per tutto un sussurro
d'uccelli;
che sopra le tegole rosse
del tetto e su l'acque del rio
cantavano, e non che non fosse
silenzio ed oblìo:
cantavano come non sanno
cantare che i sogni nel cuore,
che cantano forte e non fanno
rumore.

E io mi rivolsi nel blando
mio sonno, in un sonno di rosa,
cercando cercando cercando
        quel vecchio qualcosa;
  e forse lo vidi e lo presi,
guidato da un canto d'uccelli,
non so per che ignoti paesi
        più belli...
  che pure ravviso, e mi volgo,
più belli, a guardarli più buono...
Ma tutto mi toglie la folgore...
        O subito tuono!
  ch'hai fatto succedere a un'alba
piaciuta tra il sonno, passata
nel sonno, una stridula e scialba
        giornata!

29. La bicicletta

I

Mi parve d'udir nella siepe
la sveglia d'un querulo implume.
Un attimo... Intesi lo strepere
     cupo del fiume.
Mi parve di scorgere un mare
dorato di tremule mèssi.
Un battito... Vidi un filare
     di neri cipressi.
Mi parve di fendere il pianto
d'un lungo corteo di dolore.
Un palpito... M'erano accanto
     le nozze e l'amore.
     dlin... dlin...

II

Ancora echeggiavano i gridi
dell'innominabile folla;
che udivo stridire gli acrìdi
     su l'umida zolla.
Mi disse parole sue brevi
qualcuno che arava nel piano:
tu, quando risposi, tenevi
     la falce alla mano.
Io dissi un'alata parola,
fuggevole vergine, a te;
la intese una vecchia che sola
     parlava con sé.
     dlin... dlin...

III

Mia terra, mia labile strada,
sei tu che trascorri o son io?
Che importa? Ch'io venga o tu vada,
     non è che un addio!

Ma bello è quest'impeto d'ala,
ma grata è l'ebbrezza del giorno.
Pur dolce è il riposo... Già cala
      la notte: io ritorno.
La piccola lampada brilla
per mezzo all'oscura città.
Più lenta la piccola squilla
      dà un palpito, e va...
      dlin... dlin...

30. Il ritorno delle bestie

Non sul pioppo picchia il pennato
più, né l'eco più gli risponde.
L'erta sale un uomo celato
dal carico folto di fronde.
  E il martello d'un legnaiuolo,
più lontano, più non rimbomba.
Passa il grido d'un bimbo solo:
Turella! Bianchina! Colomba!
  Porta in collo l'erba ch'ha fatta,
nella sua crinella di salcio.
Le sue bestie al greppo, alla fratta,
s'indugiano, al cesto ed al tralcio.
  Ei che vede sopra ogni tetto
già la nuvola celestina,
le minaccia col suo falcetto:
Colomba! Turella! Bianchina!
  C'è un falcetto lucido ancora
su la Pania, al fior del sereno,
dentro l'aria dolce ch'odora
d'un tiepido odore di fieno.
  C'è silenzio lassù, dov'erra
quel falcetto con qualche stella.
Solo il bimbo strilla da terra:
Bianchina! Colomba! Turella!

31. La figlia maggiore

Ninnava ai piccini la culla,
cuciva ai fratelli le fasce:
non sapeva, madre fanciulla,
      come si nasce.
Nel cantuccio, zitta, da brava,
preparava cercine e telo
pei bimbi che mamma le andava
      a prendere in cielo.
Or cantano i passeri intorno
la piccola croce, in amore...
ché lo seppe, misera, un giorno,
      come si muore!
L'erba è verde, piena di grilli.
Non un passo, non una voce
mai. Vivono, loro, tranquilli
      intorno la croce.
Si beccano, s'amano, pascono,
in mezzo a quel pieno di cose
e di silenzio, dove il verbasco
      fa tra le rose.
No, passeri! su le sue zolle,
no! non fate tanto vicino!
Là fitto di bianche corolle
      è il pero e il susino.
Andate su l'albero in fiore
che al vento si dondola e culla!
Non turbate l'umile cuore
      che non sa nulla!
Passa il vento come un respiro
caldo, lungo, dolce, che porta
su l'alito il polline in giro...
      sopra la morta.
No, vento d'aprile, no, vento
d'amore, no tanto vicino!
Là nei campi bacia il frumento,

soffia tra il lino!
Fa che venga l'anima ai cardi,
che le viti tengano il raspo:
fa che abbiano l'accia, più tardi,
il guindolo e l'aspo!
Ma l'erba qui prima del fiore,
ma il fiore qui prima del seme,
la frullana taglia, e due ore
sibila e freme.
Un vecchione falcia e raduna
l'erbe e i fiori di primavera;
poi tutto egli brucia, là, una
limpida sera:
la sera, una sera di maggio,
che s'odono tanti stornelli
di sui gelsi, e sente, il villaggio,
di filugelli.
Dal villaggio vedon la fiamma
ch'arde sola, rossa, in quel canto:
la vedono gli occhi di mamma
pieni di pianto.
Oh! piange, ché il vecchio le toglie
qualcosa più che le togliesse:
fili d'erba, piccole foglie,
povera mèsse,
fioritura, sì, bianca e rossa,
della bimba, che non lo sa:
sua sola, laggiù, nella fossa,
maternità.

32. L'usignolo e i suoi rivali

Egli coglieva ed ammucchiava al suolo
secche le foglie del suo marzo primo
(era il suo nuovo marzo), il rosignolo,
  per farsi il nido. E gorgheggiava in tanto
tutto il gran giorno; e dolce più del timo
e più puro dell'acqua era il suo canto.
  Cantava, quando, per le valli intorno,
cu... cu... sentì ripetere, *cu... cu...*
Ecco: al cuculo egli cedette il giorno,
e di giorno non volle cantar più.
  Non più di giorno. Ma la notte! Appena
la luna estiva, di tra l'alabastro
delle rugiade, tremolò serena,
  riprese il verso; e d'ora in poi soltanto
cantava a notte; e lucido com'astro
e soave com'ombra era il suo canto.
  Cantava, quando, da non so che grotte,
sentì gemere, *chiù...* piangere, *chiù...*
All'assiuolo egli lasciò la notte,
anche la notte; e non cantò mai più.
  Or né canta né ode: abita presso
il brusìo d'una fonte e d'un cipresso.

33. Il fringuello cieco

Finch... finché nel cielo volai,
finch... finch'ebbi il nido sul moro,
c'era un lume, lassù, in ma' mai,
un gran lume di fuoco e d'oro,
che andava sul cielo canoro,
spariva in un tacito oblìo...
  Il sole!... Ogni alba nella macchia,
ogni mattina per il brolo,
- Ci sarà? - chiedea la cornacchia;
- Non c'è più! - gemea l'assiuolo;
e cantava già l'usignolo:
- Addio, addio *dio dio dio dio...* -
Ma la lodola su dal grano
saliva a vedere ove fosse.
Lo vedeva lontan lontano
con le belle nuvole rosse.
E, scesa al solco donde mosse,
trillava: - C'è, c'è, lode a Dio! -
  "*Finch...* finché non vedo, non credo"
però dicevo a quando a quando.
Il merlo fischiava - Io lo vedo -;
l'usignolo zittìa spiando.
Poi cantava gracile e blando:
- Anch'io anch'io *chio chio chio chio...* -
        Ma il dì ch'io persi cieli e nidi,
ahimè che fu vero, e s'è spento!
Sentii gli occhi pungermi, e vidi
che s'annerava lento lento.
Ed ora perciò mi risento:
- O sol sol sol sol... sole mio? -

34. La canzone dell'ulivo

I

A' piedi del vecchio maniero
che ingombrano l'edera e il rovo;
dove abita un bruno sparviero,
      non altro, di vivo;
  che strilla e si leva, ed a spire
poi torna, turbato nel covo,
chi sa? dall'andare e venire
      d'un vecchio balivo:
  a' piedi dell'odio che, alfine,
solo è con le proprie rovine,
      piantiamo l'ulivo!

II

l'ulivo che a gli uomini appresti
la bacca ch'è cibo e ch'è luce,
gremita, che alcuna ne resti
        pel tordo sassello;
  l'ulivo che ombreggi d'un glauco
pallore la rupe già truce,
dov'erri la pecora, e rauco
        la chiami l'agnello;
  l'ulivo che dia le vermene
pel figlio dell'uomo, che viene
        sul mite asinello.

III

  Portate il piccone; rimanga
l'aratro nell'ozio dell'aie.
Respinge il marrello e la vanga
        lo sterile clivo.
  Il clivo che ripido sale,
biancheggia di sassi e di ghiaie;
lo assordano l'ebbre cicale
        col grido solivo.
  Qui radichi e cresca! Non vuole,
per crescere, ch'aria, che sole,
        che tempo, l'ulivo!

IV

  Nei massi le barbe, e nel cielo
le piccole foglie d'argento!
Serbate a più gracile stelo
        più soffici zolle!
  Tra i massi s'avvinchia, e non cede,
se i massi non cedono, al vento.
Lì, soffre, ma cresce, né chiede
        più ciò che non volle.
  L'ulivo che soffre ma bea,
che ciò ch'è più duro, ciò crea

che scorre più molle.

V

 Per sé, c'è chi semina i biondi
solleciti grani cui copra
la neve del verno e cui mondi
        lo zefiro estivo.
 Per sé, c'è chi pianta l'alloro
che presto l'ombreggi e che sopra
lui regni, al sussurro canoro
        del labile rivo.
 Non male. Noi mèsse pei figli,
noi, ombra pei figli de' figli,
        piantiamo l'ulivo!

VI

 Voi, alberi sùbiti, date
pur ombra a chi pianta ed innesta;
voi, frutto; e le brevi fiammate
        col rombo seguace!
 Tu, placido e pallido ulivo,
non dare a noi nulla; ma resta!
ma cresci, sicuro e tardivo,
        nel tempo che tace!
 ma nutri il lumino soletto
che, dopo, ci brilli sul letto
        dell'ultima pace!

35. Passeri a sera

 L'uomo che intende gli uccelli, i gridi
dei falchi, i pianti delle colombe,
ciò che le cincie dicono ai nidi,
e il chiù, che vuole più dalle tombe;
 siede a un cipresso. Passa, e lavora
sempre, un aratro, là, là, soletto,

con qualche voce ruvida. E` l'ora
che vanno i bruni passeri a letto.

  Chi vien dal monte, chi vien dal piano:
tutti al cipresso. Cantano: - Sì...

  Ora, sebbene tu non ti scopra,
sappiamo quanto buono tu fossi
ponendo pietra su pietra, e sopra
facendo un tetto d'embrici rossi.

  Per chi? Per questi passeri... E` breve,
di verno, il giorno, la notte è lunga:
tu vuoi che prima ci esca la neve,
tu vuoi che il sole prima ci giunga.

  Le case fece la tua gran mano
pei tetti, e i tetti per noi coprì.

  Hai cibi grati per noi, che sono
grandi pel nostro piccolo becco:
giorno per giorno, rompi tu buono
con i tuoi denti stessi il pan secco;

  spargi le bianche briciole, scuoti
la bianca tela; le spazzi fuori;
ma un po' lontano, come è nei voti
di questi buoni tuoi peccatori;

  che, sì, vediamo tutto da un ramo,
lieti, ma in cuore timidi un po'.

  Ed altro pensi, che spetrerebbe
tra l'alte nubi l'aquila e il falco!
Tu prendi, appena sai che ci crebbe
famiglia, i chicchi d'oro dal palco;

  esci all'aperto; spargi quei chicchi,
prodigo e cauto, tra due filari;
anzi, a che l'oro meglio ne spicchi
su quel pulito, v'erpichi ed ari.

  E noi da un ramo, comodi, udiamo
quelle tue lunghe grida, *Bi... Ro...*

  Vero che a volte ce li nascondi,
quei chicchi; vero; ma fai per giuoco.
Ma ecco, a volte son così fondi,

che noi diremmo, Badaci un poco!
Pure il tuo male mai non fa male:
quelli che copre l'invida zappa,
poi, col frinire delle cicale,
mettono un gambo, fanno una rappa:
  che poi ci sgrani... Dal male il bene:
bene che nasce, male che fu. -
  Ma già i minori dormono. Soli
vegliano i vecchi. C'è chi sospira:
- Ahimè! talvolta di noi ti duoli!
Sei giusto, eppure grave nell'ira.
  Or che i novelli tengono i capi
sotto le alucce, vicino al cuore,
lo dico, mentre tacciono l'api,
le mosche, i ragni, tutto: si muore!
  Tu ci vuoi bene, certo... ma il bene
tuo lo vorremmo per un po' più... -
  E` già nell'ombra tutta la valle:
sui monti un raggio trema del giorno.
Già le notturne grandi farfalle,
coi neri teschi, ronzano intorno.
  - Oh! quel diluvio con che noi vivi
tu pigli, grandi, piccoli, troppi!
Oh! quel baleno con che ci arrivi
fino su l'alte cime dei pioppi!
  Ma da te viene ciò che ci piace:
forse anche questo ci piacerà. -
  Dormono. L'uomo parte. Il cipresso
freme di nuovi brevi bisbigli.
  - C'era non visto dunque sì presso!?
Su, la zampina... non c'è più, figli! -
  Va l'uomo, e nero tu nell'azzurro,
cipresso pieno d'anime, affondi.
Va l'uomo, ed ora bada al sussurro
che fan tra loro fievole i mondi,
  su, fitti fitti, piccoli, in pace,
nell'infinita serenità.

36.
Il gelsomino notturno

E s'aprono i fiori notturni,
nell'ora che penso a' miei cari.
Sono apparse in mezzo ai viburni
le farfalle crepuscolari.
    Da un pezzo si tacquero i gridi:
là sola una casa bisbiglia.
Sotto l'ali dormono i nidi,
come gli occhi sotto le ciglia.
    Dai calici aperti si esala
l'odore di fragole rosse.
Splende un lume là nella sala.
Nasce l'erba sopra le fosse.
    Un'ape tardiva sussurra
trovando già prese le celle.
La Chioccetta per l'aia azzurra
va col suo pigolìo di stelle.
    Per tutta la notte s'esala
l'odore che passa col vento.
Passa il lume su per la scala;
brilla al primo piano: s'è spento...
    E` l'alba: si chiudono i petali
un poco gualciti; si cova,
dentro l'urna molle e segreta,
non so che felicità nuova.

37. Il poeta solitario

O dolce usignolo che ascolto
(non sai dove), in questa gran pace
cantare cantare tra il folto,
là, dei sanguini e delle acace;
t'ho presa - perdona, usignolo -
una dolce nota, sol una,
ch'io canto tra me, solo solo,
nella sera, al lume di luna.
E pare una tremula bolla
tra l'odore acuto del fieno,
un molle gorgoglio di polla,
un lontano fischio di treno...
Chi passa, al morire del giorno,
ch'ode un fischio lungo laggiù
riprende nel cuore il ritorno
verso quello che non è più.
Si trova al nativo villaggio,
vi ritrova quello che c'era:
l'odore di mesi-di-maggio
buon odor di rose e di cera.
Ne ronzano le litanie,
come l'api intorno una culla:
ci sono due voci sì pie!
di sua madre e d'una fanciulla.
Poi fatto silenzio, pian piano,
nella nota mia, che t'ho presa,
risente squillare il lontano
campanello della sua chiesa.
Riprende l'antica preghiera,
ch'ora ora non ha perché;
si trova con quello che c'era,
ch'ora ora ora non c'è...
....
Chi sono? Non chiederlo. Io piango,
ma di notte, perch'ho vergogna.

O alato, io qui vivo nel fango.
Sono un gramo rospo che sogna.

38. La guazza

Laggiù, nella notte, tra scosse
d'un lento sonaglio, uno scalpito
è fermo. Non anco son rosse
      le cime dell'Alpi.
  Nel cielo d'un languido azzurro,
le stelle si sbiancano appena:
si sente un confuso sussurro
      nell'aria serena.
  Chi passa per tacite strade?
Chi parla da tacite soglie?
Nessuno. E` la guazza che cade
      sopr'aride foglie.
  Si parte, ch'è ora, né giorno,
sbarrando le vane pupille;
si parte tra un murmure intorno
      di piccole stille.
  In mezzo alle tenebre sole,
qualcuna riluce un minuto;
riflette il tuo Sole, o mio Sole;
      poi cade: ha veduto.

39. Primo canto

Quando apparisce l'oro nel grano
col verdolino nuovo dei tralci,
e già nell'ore d'ozio il villano
sopra una pietra batte le falci;
   dall'aie, dalle prode, dal fimo
che vaporando sente la state,
voi con la gioia del canto primo,
primi galletti, tutti cantate:
                Vita da re...!
A tutte l'ore gettate all'aria,
chi di tra i solchi, chi di sui rami,
la vostra voce stridula e varia,
chi, che ripeta, chi, che richiami.
   Chi fioco i versi muta e rimuta,
chi strilla quasi lo correggesse:
e l'uno dopo l'altro saluta
la casa, il sole, l'ombra, la mèsse:
                Vita da re...!
Galletti arguti, gloria dell'aia
che da due mesi v'ospita e pasce,
ora la vostra vecchia massaia,
quando vi sente, pensa alle grasce:
   quando vi sente, pensa ai padroni
il contadino vostro che miete,
e mentre lega manne e covoni,
galletti arguti, con voi ripete:
                Vita da re...!
Quando, odorati sempre di lolla,
lasciate i campi dove nasceste,
perché, se un'aspra mano vi sgrolla,
voi vi beccate tra voi le creste?
   Lunga è la strada, grave la state,
vi stringe il duro cappio di tozzo:
voi l'uno all'altro rimproverate
quel vostro canto chiuso nel gozzo:

Vita da re...!
　Poi nel paese, tra quattro mura,
sotto il barlume forse d'un moggio,
nella cucina tacita e scura
voi ricordate l'aia ed il poggio;
　e mentre tutti dormono, e scialba
geme la luce dalle finestre,
come un lamento lungo su l'alba
suona l'antico grido silvestre:
　　　　Vita da re...!

40. La canzone del girarrosto

I

  Domenica! il dì che a mattina
sorride e sospira al tramonto!...
Che ha quella teglia in cucina?
che brontola brontola brontola...
  E` fuori un frastuono di giuoco,
per casa è un sentore di spigo...
Che ha quella pentola al fuoco?
che sfrigola sfrigola sfrigola...
  E già la massaia ritorna
        da messa;
così come trovasi adorna,
        s'appressa:
  la brage qua copre, là desta,
passando, *frr*, come in un volo,
spargendo un odore di festa,
di nuovo, di tela e giaggiolo.

II

  La macchina è in punto; l'agnello
nel lungo schidione è già pronto;
la teglia è sul chiuso fornello,
che brontola brontola brontola...
  Ed ecco la macchina parte
da sé, col suo trepido intrigo:
la pentola nera è da parte,
che sfrigola sfrigola sfrigola...
  Ed ecco che scende, che sale,
        che frulla,
che va con un dondolo eguale
        di culla.
  La legna scoppietta; ed un fioco
fragore all'orecchio risuona
di qualche invitato, che un poco

s'è fermo su l'uscio, e ragiona.

III

  E` l'ora, in cucina, che troppi
due sono, ed un solo non basta:
si cuoce, tra murmuri e scoppi,
la bionda matassa di pasta.
  Qua, nella cucina, lo svolo
di piccole grida d'impero;
là, in sala, il ronzare, ormai solo,
d'un ospite molto ciarliero.
  Avanti i suoi ciocchi, senz'ira
        né pena,
la docile macchina gira
        serena,
  qual docile servo, una volta
ch'ha inteso, né altro bisogna:
lavora nel mentre che ascolta,
lavora nel mentre che sogna.

IV

  Va sempre, s'affretta, ch'è l'ora,
con una vertigine molle:
con qualche suo fremito incuora
la pentola grande che bolle.
  E` l'ora: s'affretta, né tace,
ché sgrida, rimprovera, accusa,
col suo ticchettìo pertinace,
la teglia che brontola chiusa.
  Campana lontana si sente
        sonare.
Un'altra con onde più lente,
        più chiare,
  risponde. Ed il piccolo schiavo
già stanco, girando bel bello,

già mormora, *in tavola! in tavola!,*
e dondola il suo campanello.

41. L'ora di Barga

Al mio cantuccio, donde non sento
se non le reste brusir del grano,
il suon dell'ore viene col vento
dal non veduto borgo montano:
suono che uguale, che blando cade,
come una voce che persuade.
Tu dici, E` l'ora; tu dici, E` tardi,
voce che cadi blanda dal cielo.
Ma un poco ancora lascia che guardi
l'albero, il ragno, l'ape, lo stelo,
cose ch'han molti secoli o un anno
o un'ora, e quelle nubi che vanno.
Lasciami immoto qui rimanere
fra tanto moto d'ale e di fronde;
e udire il gallo che da un podere
chiama, e da un altro l'altro risponde,
e, quando altrove l'anima è fissa,
gli strilli d'una cincia che rissa.
E suona ancora l'ora, e mi manda
prima un suo grido di meraviglia
tinnulo, e quindi con la sua blanda
voce di prima parla e consiglia,
e grave grave grave m'incuora:
mi dice, E` tardi; mi dice, E` l'ora.
Tu vuoi che pensi dunque al ritorno,
voce che cadi blanda dal cielo!
Ma bello è questo poco di giorno
che mi traluce come da un velo!
Lo so ch'è l'ora, lo so ch'è tardi;
ma un poco ancora lascia che guardi.
Lascia che guardi dentro il mio cuore,
lascia ch'io viva del mio passato;
se c'è sul bronco sempre quel fiore,
s'io trovi un bacio che non ho dato!
Nel mio cantuccio d'ombra romita

lascia ch'io pianga su la mia vita!
  E suona ancora l'ora, e mi squilla
due volte un grido quasi di cruccio,
e poi, tornata blanda e tranquilla,
mi persuade nel mio cantuccio:
è tardi! è l'ora! Sì, ritorniamo
dove son quelli ch'amano ed amo.

42. Il viatico

Là, suonano a doppio. Si sente,
qua presso, uno struscio di gente,
e suona suona un campanello
      sul dolce mezzodì.
  Si sente una lauda che sale
tra il fremito delle cicale
per il sentiero, ove il fringuello
      cauto via via zittì.
  E passa un branchetto... Son quelli.
Son poveri bimbi in capelli,
poi donne salmeggianti in coro:
      O vivo pan del ciel!...
  È un vecchio che parte; e il paese
gli porta qualcosa che chiese,
cantando sotto il cielo d'oro:
      O vivo pan del ciel!...
  qualcosa che in tanti e tanti anni,
cercando tra gioie ed affanni,
ancora non poté riporre
      da portar via con sé.
  E gli altri si assidono a mensa,
ma egli ancor cerca, ancor pensa
al niente, al niente che gli occorre,
      a un piccolo perché,
  nel piccolo passo, ch'è un volo
di mosca, ch'è un attimo solo...
Quel giorno anche per me, campane,
      sonate pur così,
  quel canto, in quell'ora, s'inalzi,
portatemi, o piccoli scalzi,
portatelo anche a me quel pane,
      sul vostro mezzodì.

43. L'imbrunire

Cielo e Terra dicono qualcosa
l'uno all'altro nella dolce sera.
Una stella nell'aria di rosa,
un lumino nell'oscurità.
   I Terreni parlano ai Celesti,
quando, o Terra, ridiventi nera;
quando sembra che l'ora s'arresti,
nell'attesa di ciò che sarà.
   Tre pianeti su l'azzurro gorgo,
tre finestre lungo il fiume oscuro;
sette case nel tacito borgo,
sette Pleiadi un poco più su.
   Case nere: bianche gallinelle!
Case sparse: Sirio, Algol, Arturo!
Una stella od un gruppo di stelle
per ogni uomo o per ogni tribù.
   Quelle case sono ognuna un mondo
con la fiamma dentro, che traspare;
e c'è dentro un tumulto giocondo
che non s'ode a due passi di là.
   E tra i mondi, come un grigio velo,
erra il fumo d'ogni focolare.
La Via Lattea s'esala nel cielo,
per la tremola serenità.

44. La fonte di Castelvecchio

O voi che, mentre i culmini Apuani
il sole cinge d'un vapor vermiglio,
e fa di contro splendere i lontani
                    vetri di Tiglio;
  venite a questa fonte nuova, sulle
teste la brocca, netta come specchio,
equilibrando tremula, fanciulle
                    di Castelvecchio;
  e nella strada che già s'ombra, il busso
picchia de' duri zoccoli, e la gonna
stiocca passando, e suona eterno il flusso
                    della Corsonna:
  fanciulle, io sono l'acqua della Borra,
dove brusivo con un lieve rombo
sotto i castagni; ora convien che corra
                    chiusa nel piombo.
  A voi, prigione dalle verdi alture,
pura di vena, vergine di fango,
scendo; a voi sgorgo facile: ma, pure
                    vergini, piango:
  non come piange nel salir grondando
l'acqua tra l'aspro cigolìo del pozzo:
io solo mando tra il gorgoglio blando
                    qualche singhiozzo.
  Oh! la mia vita di solinga polla
nel taciturno colle delle capre!
udir soltanto foglia che si crolla,
                    cardo che s'apre,
  vespa che ronza, e queruli richiami
del forasiepe! Il mio cantar sommesso
era tra i poggi ornati di ciclami
                    sempre lo stesso;
  sempre sì dolce! E nelle estive notti,
più, se l'eterno mio lamento solo
s'accompagnava ai gemiti interrotti

dell'assiuolo,
più dolce, più! Ma date a me, ragazze
di Castelvecchio, date a me le nuove
del mondo bello: che si fa? le guazze
cadono, o piove?
e per le selve ancora si tracoglie,
o fate appietto? ed il metato fuma,
o già picchiate? aspettano le foglie
molli la bruma,
o le crinelle empite ne' frondai
in cui dall'Alpe è scesa qualche breve
frasca di faggio? od è già l'Alpe ormai
bianca di neve?
Più nulla io vedo, io che vedea non molto
quando chiamavo, con il mio rumore
fresco, il fanciullo che coglìea nel folto
macole e more.
Col nepotino a me venìa la bianca
vecchia, la Matta; e tuttavia la vedo
andare come vaccherella stanca
va col suo redo.
Nella deserta chiesa che rovina,
vive la bianca Matta dei Beghelli
più? desta lei la sveglia mattutina
più, de' fringuelli?
Essa veniva al garrulo mio rivo
sempre garrendo dentro sé, la vecchia:
e io, garrendo ancora più, l'empivo
sempre la secchia.
Ah! che credevo d'essere sua cosa!
Con lei parlavo, ella parlava meco,
come una voce nella valle ombrosa
parla con l'eco.
Però singhiozzo ripensando a questa
che lasciai nella chiesa solitaria,
che avea due cose al mondo, e gliene resta
l'una, ch'è l'aria.

45. Temporale

E` mezzodì. Rintomba.
Tacciono le cicale
nelle stridule seccie.
  E chiaro un tuon rimbomba
dopo uno stanco, uguale,
rotolare di breccie.
  Rondini ad ali aperte
fanno echeggiar la loggia
de' lor piccoli scoppi.
  Già, dopo l'afa inerte,
fanno rumor di pioggia
le fogline dei pioppi.
  Un tuon sgretola l'aria.
Sembra venuto sera.
Picchia ogni anta su l'anta.
  Serrano. Solitaria
s'ode una capinera,
là, che canta... che canta...
  E l'acqua cade, a grosse
goccie, poi giù a torrenti,
sopra i fumidi campi.
  S'è sfatto il cielo: a scosse
v'entrano urlando i venti
e vi sbisciano i lampi.
  Cresce in un gran sussulto
l'acqua, dopo ogni rotto
schianto ch'aspro diroccia;
  mentre, col suo singulto
trepido, passa sotto
l'acquazzone una chioccia.
  Appena tace il tuono,
che quando al fin già pare,
fa tremare ogni vetro,
  tra il vento e l'acqua, buono,
s'ode quel croccolare

co' suoi pigolìi dietro.

46. La mia sera

Il giorno fu pieno di lampi;
ma ora verranno le stelle,
le tacite stelle. Nei campi
c'è un breve *gre gre* di ranelle.
Le tremule foglie dei pioppi
trascorre una gioia leggiera.
Nel giorno, che lampi! che scoppi!
      Che pace, la sera!
 Si devono aprire le stelle
nel cielo sì tenero e vivo.
Là, presso le allegre ranelle,
singhiozza monotono un rivo.
Di tutto quel cupo tumulto,
di tutta quell'aspra bufera,
non resta che un dolce singulto
      nell'umida sera.
 E`, quella infinita tempesta,
finita in un rivo canoro.
Dei fulmini fragili restano
cirri di porpora e d'oro.
O stanco dolore, riposa!
La nube nel giorno più nera
fu quella che vedo più rosa
      nell'ultima sera.
 Che voli di rondini intorno!
che gridi nell'aria serena!
La fame del povero giorno
prolunga la garrula cena.
La parte, sì piccola, i nidi
nel giorno non l'ebbero intera.
Né io... e che voli, che gridi,
      mia limpida sera!
 Don... Don... E mi dicono, Dormi!
mi cantano, Dormi! sussurrano,
Dormi! bisbigliano, Dormi!

là, voci di tenebra azzurra...
Mi sembrano canti di culla,
che fanno ch'io torni com'era...
sentivo mia madre... poi nulla...
      sul far della sera.

47. In viaggio

Si ferma, e già fischia, ed insieme,
tra il ferreo strepito del treno,
si sente una squilla che geme,
là da un paesello sereno,
paesello lungo la via:
  Ave Maria...
Un poco, tra l'ansia crescente
della nera vaporiera,
l'addio della sera si sente
seguire come una preghiera,
seguire il treno che s'avvia:
  Ave Maria...
E, come se voglia e non voglia,
il treno nel partir vacilla:
quel suono ci chiama alla soglia
e alla lampada che brilla,
nella casa, ch'è una badia:
  Ave Maria...
Il padre a quel suono rincasa
facendo un passo ad ogni tocco;
e subito all'uscio di casa
trova il visino del suo cocco,
del più piccino che ci sia...
  Ave Maria...
Si chiude, la casa; e s'appanna
d'un tratto il vocerìo che c'è;
si chiude, ristringe, accapanna,
per parlare tra sé e sé;
e saluta la compagnia...
  Ave Maria...
O, tinta d'un lieve rossore,
casina che sorridi al sole!
per noi c'è la notte con l'ore
lunghe lunghe, con l'ore sole,
con l'ore di malinconia...

Ave Maria...
Il treno già vola e ci porta
sbuffando l'alito di fuoco;
e ancora nell'aria più smorta
ci giunge quell'addio più fioco,
dal paese che fugge via:
    Ave Maria...
E cessa. Ma uno che vuole
velar gli occhi, pensar lontano,
tra gemiti e strilli e parole,
tra il frastuono or tremolo or piano,
ode il suono che non s'oblia:
    Ave Maria...
Con l'uomo che va nella notte,
tra gli aspri urli, i lunghi racconti
del treno che corre per grotte
di monti, sopra lenti ponti,
vien nell'ombrìa la voce pia:
    Ave Maria...

48. Maria

Ti splende su l'umile testa
la sera d'autunno, Maria!
Ti vedo sorridere mesta
tra i tocchi d'un'Avemaria:
sorride il tuo gracile viso;
né trova, il tuo dolce sorriso,
      nessuno:
così, con quelli occhi che nuovi
si fissano in ciò che tu trovi
per via; che nessuno ti sa;
quelli occhi sì puri e sì grandi,
coi quali perdoni, e domandi
      pietà:
quelli occhi sì grandi, sì buoni,

sì pii, che da quando li apristi,
ne diedero dolci perdoni!
ne sparsero lagrime tristi!
quelli occhi cui nulla mai diede
nessuno, cui nulla mai chiede
   nessuno!
 quelli occhi che toccano appena
le cose! due poveri a cena
dal ricco, ignorati dai più;
due umili in fondo alla mensa,
due ospiti a cui non si pensa
   già più!

49. La mia malattia

I

  L'altr'anno, ero malato, ero lontano,
a Messina: col tifo. All'improvviso
udivo spesso camminar pian piano,
  a piedi scalzi. Era Maria, col viso
tutt'ombra, dove un mio levar di ciglia
gettava sempre un lampo di sorriso.
  A volte erano i morti, la famiglia
nostra... Io pian piano mi sentia toccare
il polso, e sussurrare: - Oh! la mia figlia!
  sola! con nulla! con di mezzo il mare! -

II

  Quelle sere, Maria non, come suole,
pregava al mio guanciale, co' suoi lenti
bisbigli, con le sue dolci parole:
  dolci parole dette per gli assenti
al buon Gesù, dette per me: preghiere
perché in pace riposi e m'addormenti.
  Prega, e vuol ch'io ripeta. Quelle sere,
nulla, o diceva: "Dormi, ch'hai la voce
debole; è meglio ora per te tacere,
  dormire; fatti il segno della croce".

III

  Io pensava: - Ma dunque ella non crede
più, tanto? Che sarà della sua vita,
un vilucchio avvoltato alla sua fede? -
  E pensando, alla mente illanguidita
io richiamava le devozioni
già dette con le mie tra le sue dita.
  E ricordai che tra quei fiochi suoni
che a un Angiolo bisbiglia che li porti
su, c'era il *Requiem*; c'era anche: Vi doni
  nostro Signore eterna pace, o morti!

IV

  Morti che amate, morti che piangete,
morti che udivo camminar pian piano
nella mia, nella sua stanza a parete:
  che sempre in dubbio d'aspettare in vano
sempre aspettate con pupille fisse,
come il mendico, tesa ch'ha la mano,
  quelle preghiere; oh! sì, Maria le disse,
quelle preghiere, ma da sé, ma ebbre
di pianto, ma di là... che non sentisse
  suo fratello, che aveva alta la febbre...

50. Un ricordo

Andavano e tornavano le rondini,
intorno alle grondaie della Torre,
ai rondinotti nuovi. Era d'agosto.
Avanti la rimessa era già pronto
il calessino. La cavalla storna
calava giù, seccata dalle mosche,
l'un dopo l'altro tutti quattro i tonfi
dell'unghie su le selci della corte.
Era un dolce mattino, era un bel giorno:
di San Lorenzo. Il babbo disse: "Io vo".
E in un gruppo tubarono le tortori.
Esse là nella paglia erano in cova.
Tra quel *hu hu*, mia madre disse: "Torna
prestino". "Sai che volerò!" "Non correr
tanto: la tua stornella è appena doma".
"Eh! mi vuol bene!" "Addio". "Addio". "Vai solo?
non prendi Jên?" "Aspetto quel signore
da Roma..." "E` vero. Ti verremo incontro
a San Mauro. Io sarò sotto la Croce.
Tu ci vedrai passando". "Io vi vedrò".
E Margherita, la sorella grande,
di sedici anni, disse adagio: "Babbo..."
"Che hai?" "Ho, che leggemmo nel giornale
che c'è gente che uccide per le strade..."
Chinò mio padre tentennando il capo
con un sorriso verso lei. Mia madre
la guardò coi suoi cari occhi di mamma,
come dicendo: A cosa puoi pensare!
E le rondini andavano e tornavano,
ai nidi, piene di felicità.
Mio padre palpeggiò la sua cavalla
che l'ammusò con cenno familiare.
Riguardò le tirelle e il sottopancia,
e raccolte le briglie, calmo e grave,
si volse ancora a dire: "Addio!" Mia madre

s'appressò con le due bimbe per mano:
la più piccina a lui toccò la mazza.
Egli teneva il piede sul montante.
E in un gruppo le tortori tubarono,
e si sentì: "Papà! Papà! Papà!"

  E un poco presa egli sentì, ma poco
poco, la canna come in un vignuolo,
come v'avesse cominciato il nodo
un vilucchino od una passiflora.
Sì: era presa in una mano molle,
manina ancora nuova, così nuova
che tutto ancora non chiudeva a modo.
Era la bimba che vi avea ravvolte,
come poteva, le sue dita rosa,
e che gemeva: "No! no! no! no! no!"

  Mio padre prese la sua bimba in collo,
col suo gran pianto ch'era di già roco;
e la baciò, la ribaciò negli occhi
zuppi di già per non so che martoro.
"Non vuoi che vada?" "No!" "Perché non vuoi?"
"No! no!" "Ti porto tante belle cose!"
"No! no!" La pose in terra: essa di nuovo
stese alla canna le sue dita rosa,
gli mise l'altro braccio ad un ginocchio:
"No! no! papà! no! no! papà! no! no!"

  Non s'udì che quel pianto e quei singulti
nel tranquillo mattino tutto luce.
Più non raspava i ciottoli con l'unghia
la cavalla, e volgea la testa smunta
alla bimba. E le tortori, *hu, hu*!
Povera bimba! non avea compiuti
due anni, e ancor dormiva nella culla.
Sapea di latte il suo gran pianto lungo:
assomigliava ad un vagir notturno.
Mio padre disse: "Non partirò più".

  Jên, a un suo cenno, menò fuor del muro
la cavalla, aspettando ad un altro uscio.

Lontanò essa con un ringhio acuto.
E mio padre baciò la creatura,
e le disse: "Non vado: entro; mi muto,
e sto con te. Perché tu sia sicura,
prendi la canna". Rabbrividì tutta
essa, come un uccello quando arruffa
le piume; le spianò; poi con le due
braccia abbracciò la canna di bambù.
 Ed aspettò. Aspetta ancora. Il babbo
non tornò più. Non si rivide a casa.
Lo portarono a sera in camposanto,
lo stesero in un tavolo di marmo,
dissero, oh! sì! dissero ch'era sano,
e che avrebbe vissuto anche molti anni.
Ma uno squarcio aveva egli nel capo,
ma piena del suo sangue era una mano.
Maria! Maria! quel pegno di tuo padre,
ciò che di lui rimase, ove sarà?
 Sorella, a volte penso che tu l'abbia,
che tu lo tenga ancora fra le braccia.
Così mi pare a volte, che ti guardo
e tu non vedi, ché tu stai pregando.
Tieni le braccia in croce, un poco lasse;
e tieni ancora gli occhi fissi in alto.
Stai come quando ti lasciò tuo padre;
sicura, come allora. Ma una lagrima
ancora scorre a te, di quelle, e il labbro
balbetta ancora, sì: "Papà! Papà!"

51. Il nido di "farlotti"

 Tra gli autunnali giorni ricorre
al mio pensiero sempre quel giorno,
che dal palazzo, dalla gran Torre,
facemmo un tanto mesto ritorno:
 ritorno tanto mesto, sebbene

fosse alla bianca nostra casina
che aveva ai piedi tante verbene
e su pei muri tanta cedrina;
  dov'era, dietro siepi riquadre
di biancospino, dietro un cancello
verde, ciò ch'era della mia madre,
nostro, ma poco; poco, ma bello.
  Io non credeva, fuori che in sogno,
fossero altrove gigli e giaggioli,
e il dolce odore del catalogno
e gli agri pomi de' lazzeruoli:
  e ch'altro al mondo fosse che il troppo,
dopo le canne fitte dell'orto
e la mimosa, ch'è morta, e il pioppo,
ch'è morto, e l'alto cedro, ch'è morto.
  Oh! sì, com'era mesto il ritorno,
e sì, la sera com'era mesta,
ben ch'in San Mauro fosse, quel giorno,
un'argentina romba di festa!
  Ma morto il babbo da più d'un mese,
non c'era posto per i suoi nati
più, nella Torre, sì che al paese
ritornavamo come scacciati.
  Noi s'era in otto, nove con essa,
nella carrozza, piccoli, stretti
a lei che stava bianca e dimessa
tra lo scoppiare dei mortaretti;
  che si vedeva pallida e magra
tra il rintoccare delle campane.
Noi si tornava per una sagra
senza più padre senza più pane.
  E disse un uomo; disse: e l'udiva
ella e ne pianse le lunghe notti
e ne fu trista fin che fu viva,
un anno: "Un nido, ve', di farlotti!"
  Verlette, quando v'odo cantare,
nunzie che il caldo viene e la state,

nelle mattine tacite e chiare,
nelle opaline lunghe serate;
  Oh! - dico - il nido fatto tra i rovi.
il vostro nido messo tra il rusco,
oh! che il villano non ve lo trovi,
il molle nido pieno di musco!

  che rozzo è fuori, radiche e stecchi,
ma dentro è tutto lana e lichene,
dove d'un solo tratto sei becchi
s'aprono a un solo grillo che viene!

  viene nel becco vostro, che intanto
state sur una vetta vicine
spiando il cibo raro e col canto
cullando il nido ch'è tra le spine!

  Oh! voi non, mentre gettate il grido
che salva gli altri, predi l'astore;
né il bruco e il grillo manchi nel nido,
né il calduccino di sotto il cuore!

  E quando viene Santa Maria
che rende all'uomo l'arma sua lunga,
oh! la covata vostra già sia
buona a volare; ch'e' non vi giunga!

  Siano volastri per mezzo agosto,
né con la mano l'uomo li pigli
dopo un voletto, poco discosto
dal nido... come, madre, i tuoi figli!

  E come, o madre, quella parola
ti si confisse tanto nel petto,
che assomigliava la famigliuola
tua nuda a quella d'un uccelletto?

  O madre! o madre! non era vero?
non eran ali dunque le tue?
non anche prese te lo sparviero
lasciando il nido senza voi due?

  prima con otto bocche, poi sette,
sei, cinque... aperte sempre al tuo volo,
aperte invano... sì, di verlette:

nido fra i duri triboli solo.
  Tra quei che il falco non ghermì poi,
o l'uomo vile, madre mia santa,
tra quei farlotti piccoli tuoi,
uno non vola dunque? non canta?
  non era vero vero? le prime
arie non canta, semplici e tristi?
non vola, in alto, poi dalle cime
scende là dove tu gli sparisti?

52. Il sogno della vergine

I

  La vergine dorme. Ma lenta
la fiamma del puro alabastro
le immemori palpebre tenta;
  bussa alla chiusa anima. Il lume
vacilla nell'ombra, come astro
di vita tra un velo di brume.
  Echeggia nell'anima, invasa
dal sonno, quel battere, e pare
destare la tacita casa.
  La casa si desta: un sorriso
s'accende, si muove ed appare
via via qua e là per il viso...
  La vergine sogna: ed un rivo
di sangue stupisce le intatte
sue vene, d'un sangue più vivo,
più tiepido: come di latte...

II

  Stupisce le placide vene
quel flutto soave e straniero,
quel rivolo, labile, lene,
  d'ignota sorgente, che sembra
che inondi di blando mistero
le pie sigillate sue membra.
  Le gracili membra non sanno
lo schianto, non sanno l'amplesso:
nel cuore, sì, forse un affanno
  c'è, l'ombra di un palpito, l'orma
d'un grido: il respiro sommesso
d'un vago ricordo che dorma;
  che dorma nel cuore ed esali
nel cuore il suo sonno romito.
La vergine sogna: ecco un alito
piccolo, accanto... un vagito...

III

Un figlio! che posa nel letto
suo vergine! e cerca assetato
le fonti del vergine petto!
O figlio d'un intimo riso
dell'anima! o fiore non nato
da seme, e sbocciato improvviso!
Tu fiore non retto da stelo,
tu luce non nata da fuoco,
tu simile a stella del cielo;
dal cielo dell'anima, ov'ora
sbocciasti improvviso, tra poco
tu dileguerai nell'aurora.
In tanto tu vivi per una
breve ora; in un'anima, in tanto,
di vergine; in quella tua cuna
tu piangi il tuo tacito pianto.

IV

Si dondola dondola dondola
senza rumore la cuna
nel mezzo al silenzio profondo;
così, come tacito al vento,
nel tacito lume di luna,
si dondola un cirro d'argento.
Oh! dormi col tremolìo muto
dell'esile cuna che avesti!
non piangerlo tutto, il minuto
che avesti, dell'esile vita!
nel cuore di mamma non resti
quell'eco di pianto, infinita!
Sorridile, guardala; appressati
a mamma, ch'ormai non ha più,
per vivere un poco ancor essa,
che il poco di fiato ch'hai tu!

V

Il lume inquieto ora salta
guizzando, ora crepita e scende:
s'è spento. Quiete più alta.

Nell'ombra già rara, già scialba
traverso le immobili tende
si sfuma la nebbia dell'alba.

Il fiore improvviso, non sorto
da seme, non retto da stelo...
svanito! Non nato, non morto:

svanito nell'alito chiaro
dell'alba! svanito dal cielo
notturno del sogno! - Cantarono

i galli, rabbrividì l'aria,
s'empì di scalpicci la via;
da lungi squillò solitaria
la voce dell'Avemaria.

53. Il mendico

I

Soletto su l'orlo di un lago
che al rosso tramonto riluce,
v'è un uomo col refe e con l'ago
      che cuce
      tra l'erica bassa.
E cuce; e nel cielo turchino
già ridono l'aspre civette,
e il lago sul capo suo chino
      riflette
      qualche ala che passa.
E cuce; e i suoi cenci nell'acqua,
trapunta di tacite bolle,
si specchiano, e l'ombra li sciacqua
      con murmure molle.

II

Ma in tanto che, ombrato da un velo,
nell'acqua il lavoro suo fiotta,
tra l'urto dei cirri del cielo
      s'è rotta
      la tenue gugliata.
Egli alza la testa. Il suo filo
s'è rotto; e si sente dai tufi,
dall'inaccessibile asilo
      dei gufi,
      la morte che fiata.
E piccolo il sole che muore,
gli appare traverso la cruna
dell'ago. Egli dice nel cuore:
      - Ti lodo, Fortuna!

III

Nel mondo a te piacque gettare
tuo figlio, terribile e gaia,

siccome al fanciullo, nel mare,
      la ghiaia
      che sbalzi su l'onde.
  Ma tutto m'hai dato a ch'io viva:
la mano, che regge la croce,
il piede, che mai non arriva,
      la voce,
      cui niuno risponde.
  M'hai dato la dolce speranza
che arretra se il cuore si avvia,
l'immemore cuore che avanza
      su nave che scìa.

IV

Ho errato seguendo le foglie
che il vento sospinge per gioco,
sostando non più che alle soglie,
  per poco,
  tra l'ira dei cani.
Ho errato nel mondo sì bello,
seguìto da un cupo latrato,
tendendo all'oblìo del fratello
  mutato
  le simili mani.
Son giunto: alla tomba; che trova
contigua la querula cuna,
com'onda, ad ogni attimo nuova,
  ritrova la duna.

V

Se a me non fu dato vederti
mai, ora non, avida ancora,
tentando le palpebre inerti,
  lavora
  la cieca pupilla.
Se non mi porgesti né un sorso
di dolce, le fauci inquiete
non m'arde con vano rimorso
  la sete
  dell'ultima stilla.
Non vidi che nero, non bebbi
che fiele; ma ingrato non sono:
ti lodo per ciò che non ebbi;
  che non abbandono.

VI

Non ebbi il superbo banchetto
tra quelli che aspettano al canto
le miche: e né letto né tetto,
  tra tanto

di popolo nudo.
Non verso nell'ultimo istante
la lagrima vile a versarsi:
la prima! la sola! E le tante
    ch'io sparsi,
     con gli occhi le chiudo.
Io nudo, bussando alle porte,
ti dico, nell'ora che imbruna:
Di dolce sol ebbi la morte;
     ma tutto è quest'una!

VII

Io t'amo pel freddo e lo stento,
l'insonnia, il digiuno, l'affanno,
cui devo che senza sgomento,
      che fanno
      ch'esperto io rimuoia.
Io t'amo perch'ora meschino
non chiedo, felice non rendo;
ma stanco del lungo cammino
      discendo
      senz'onta di gioia;
discendo laggiù tra le grame
mie genti, nel mondo che tace,
tra gli umili morti di fame
che dormono in pace. -

VIII

Su l'orlo d'un lago nei monti,
fra stridulo ansare di grilli,
sul lago in cui, luna che monti,
      scintilli,
      c'è un nero, c'è un mucchio
di squallidi cenci e di membra,
c'è un uomo con gli occhi rivolti
nel lago, e che attonito sembra
      che ascolti
      l'eterno risucchio:
e simile a sogno di nulla,
nell'acqua c'è l'ombra sua bruna,
che appena si dondola e culla
nel lume di luna.

54. Ov'è?

C'è uno di nuovo stamane
su nella casa solitaria.
Dall'uscio leva il muso il cane,
ne odora la vocina in aria.
Eppure fu notte serena!
né l'uscio sui gangheri appena
      ciulì...

Non l'hanno (che dicono?) preso
in una ceppa di castagno!
Stanotte si sarebbe inteso
nel gran silenzio quel suo lagno.
Invece nei prati tranquilli
non c'era che il canto dei grilli:
      tri... tri...
Non l'hanno comprato alla fiera,
non l'hanno avuto dal convento.
Stanotte per le vie non c'era
che qualche scalpiccìo del vento;
e intorno alle tacite case
poi sola la voce rimase
      del chiù.
Le case eran tacite, chiare
le vie; dormiva il cane all'uscio.
In casa egli dovette entrare,
come il pulcino nel suo guscio!
Cadevano stelle celesti,
brillando... Oh! dal cielo cadesti
      pur tu!
Dal cielo! Dal cielo! che piove
la guazza su le dure zolle.
Tu sei caduto, e non sai dove,
e giri l'occhio tutto molle.
Non fu la caduta di nulla!
Ma c'era una morbida culla

     per te!
Oh! il mondo in cui oggi ti trovi,
del tuo cielo non t'è più caro!
fai tante rughe! e sempre muovi
la bocca, che ci senti amaro!
Oh! il cielo! il tuo cielo! e ne chiedi
col fievole grido a chi vedi:
       ov'è? ov'è?
Ne chiedi ai ragazzi, col giorno
venuti sopra il piè leggieri,
e alle rondini che intorno
passano come lampi neri.
Né più, tra il bisbiglio e il sussurro,
capisci il tuo cielo d'azzurro
       dov'è!
Zitti!... ora non chiede più nulla:
dov'è, sua madre gliel'ha detto.
A lei lo porser dalla culla;
la mamma se l'è messo al petto.
Oh! ecco il suo cielo infinito!
e più non si sente il vagito:
       ov'è? ov'è?

55. La servetta di monte

Sono usciti tutti. La serva
è in cucina, sola e selvaggia.
In un canto siede ed osserva
tanti rami appesi alla staggia.
Fa un giro con gli occhi, e bel bello
ritorna a guardarsi il pannello.
Non c'è nulla ch'essa conosca.
Tutto pende tacito e tetro.
E non ode che qualche mosca
che d'un tratto ronza ad un vetro;
non ode che il croccolìo roco
che rende la pentola al fuoco.
Il musino aguzzo del topo
è apparito ad uno spiraglio.
E` sparito, per venir dopo:
fa già l'acqua qualche sonaglio...
Lontano lontano lontano
si sente sonare un campano.
E` un muletto per il sentiero,
che s'arrampica su su su;
che tra i faggi piccolo e nero
si vede e non si vede più.
Ma il suo campanaccio si sente
sonare continuamente.
E` forse anco un'ora di giorno.
C'è nell'aria un fiocco di luna.
Come è dolce questo ritorno
nella sera che non imbruna!
per una di queste serate!
tra tanto odorino d'estate!
La ragazza guarda, e non sente
più il campano che a quando a quando.
Glielo vela forse il torrente
che a' suoi piedi cade scrosciando;
se forse non glielo nasconde

la brezza che scuote le fronde;
  od il canto dell'usignolo
che, tacendo passero e cincia,
solo solo con l'assiuolo
la sua lunga veglia comincia,
ch'ha fine su l'alba, alla squilla,
nel cielo, della tottavilla.

56. Addio!

Dunque, rondini rondini, addio!

Dunque andate, dunque ci lasciate
per paesi tanto a noi lontani.
E` finita qui la rossa estate.
Appassisce l'orto: i miei gerani
più non hanno che i becchi di gru.

Dunque, rondini rondini, addio!

Il rosaio qui non fa più rose.
Lungo il Nilo voi le rivedrete.
Volerete sopra le mimose
della Khala, dentro le ulivete
del solingo Achilleo di Corfù.

Oh! se, rondini rondini, anch'io...

Voi cantate forse morti eroi,
su quest'albe, dalle vostre altane,
quando ascolto voi parlar tra voi
nella vostra lingua di gitane,
una lingua che più non si sa.

Oh! se, rondini rondini, anch'io...

O son forse gli ultimi consigli
ai piccini per il lungo volo.
Rampicati stanno al muro i figli
che al lor nido con un grido solo
si rivolgono a dire: Si va?

Dunque, rondini rondini, addio!

Non saranno quelle che le case

han murato questo marzo scorso,
che a rifarne forse le cimase
strisceranno sopra il Rio dell'Orso,
che rugliava, e non mormora più.

Dunque, rondini rondini, addio!

Ma saranno pur gli stessi voli;
ma saranno pur gli stessi gridi;
quella gioia, per gli stessi soli;
quell'amore, negli stessi nidi;
risarà tutto quello che fu.

Oh! se, rondini rondini, anch'io...

io li avessi quattro rondinotti
dentro questo nido mio di sassi!
ch'io vegliassi nelle dolci notti,
che in un mesto giorno abbandonassi
alla libera serenità!

Oh! se, rondini rondini, anch'io...

rivolando su le vite loro,
ritrovando l'alba del mio giorno,
rimurassi sempre il mio lavoro,
ricantassi sempre il mio ritorno,
mio ritorno dal mondo di là!

57. Il ritratto

I

Nel collegio d'Urbino il mio fratello
faceva in grande un piccolo ritratto.
Quando il già fatto a noi parea pur bello,
sotto la gomma il bello era già sfatto.

Tornavamo scontenti alla finestra
per guardare, intrecciati alla ringhiera,
se una carrozza per la via maestra
montava nella pace della sera.

Era pace nei cuori. Era l'esame
passato alfine con le sue lunghe ore:
tranquillo alfine da più dì lo sciame
ronzava nella nuova arnia maggiore.

Più grande all'improvviso ogni fanciullo
si ritrovava dopo tante acquate;
il boccio apriva i petali in un frullo
meravigliando che già fosse estate;

e che fosse già colto, anzi, il ciliegio,
ma che di rosa si tingesse il melo;
che fosse tanto verde oltre il collegio,
ch'oltre la scuola fosse tanto cielo.

Si ronzava: non altro. Fra due scuole
già chiuse, una di fronte, una alle spalle,
nel mezzo c'era l'aria, c'era il sole,
odor di timo e voli di farfalle.

Ma nell'ore, più brevi ma più lente,
di studio, tra due libri, ch'uno troppo
sapeva e l'altro non sapea più niente,
stanchi del nostro insolito galoppo,

con tra le mani che sentian di lauro
e di busso, le guancie ancor di fiamma,
noi pensavamo al nostro bel San Mauro,
al babbo atteso d'ora in ora, a mamma...

Se il babbo, a casa, col più grande ch'era
già di liceo, portava anche noi tre!...

Era quello, lo studio: una preghiera,
prima che al babbo, o Dio presente, a te!

II

Il più grande, un fanciullo esile e bianco,
nostro babbo d'Urbino, al suo ritratto
calmo attendeva; ed ogni tanto al fianco
gli era un di noi che gli chiedeva: E` fatto?
  Quasi... Ma il babbo arriva questa sera.
ed il ritratto non sarà finito!
Tornavamo a intrecciarci alla ringhiera,
a riguardare, ad appuntare il dito,
  a dire, Vedi? a dire, Viene! O belle
serate, fin che il cielo era celeste,
e le vie bianche, e non ardean le stelle
sopra il nero di monti e di foreste!
  Ma crescendo il silenzio, come triste
sonava la campana della cena;
mentre stelle lassù, viste e non viste,
cadevan per l'oscurità serena!
  Oh! non veniva, non veniva ancora!
Il ritratto, sì, forse era venuto.
Anche due segni, l'opera d'un'ora,
di due: sarebbe vivo, benché muto.
  Sì: finito in alcune ore, domani!
e sì: domani, ci sarebbe anch'esso!
Lo spiegherebbe tra le sue due mani,
sorriderebbe tacito a sé stesso;
  e quindi al figlio, al caro primo, al vanto
di casa, al fiore che già dava il frutto:
e poi, con gli occhi molli un po' di pianto;
anche ai minori - Eh! sapevate tutto? ! -
  troverebbe una lode anche per loro...
Domani, dunque, all'ora del tramonto.
Il fanciullo, il domani, era al lavoro;
verso sera il lavoro era già pronto.
  Mancava un nulla. Noi fissi alla via,

a una carrozza che montava su...
Oh! gittò un grido, spinse tutto via,
e tutto in pianto non lavorò più!

III

  Era il dieci d'agosto. Era su l'ora
dello scurire. L'ora del ritorno.
Non attese al ritratto egli d'allora
più. Mai più, da quell'ora e da quel giorno.
  Quella sera restammo alla finestra,
ancora, ancora. Ma pareva in vano.
Sì: era, il babbo, in una via maestra:
sì, ma come, ma quanto era lontano!
  Oltre monti, oltre fiumi, oltre pianure,
oltre città. Veniva da Cesena.
Di buon trotto. Non anco erano oscure
le strade. Solo. L'anima, serena.
  Oltre fiumi, città, monti, da un monte,
il caro figlio lo guardava in viso:
ne sfiorava la bianca larga fronte,
sorrideva al suo placido sorriso.
  Oh! mio fratello, che fu mai? La bianca
fronte d'un tratto si macchiò di stille
rosse, la testa in un attimo stanca
per sempre, si piegò, con le pupille
  ferme in eterno... O tu che sei congiunto
a lui, ch'oltre lo spazio, oltre la vita,
vedevi allora, oh! non egli in quel punto
si sentì su la fronte le tue dita?
  La tua carezza non gli fu conforto
tra il sudor freddo e il rompere del sangue?
Non gli fu meglio, o mio fratello morto,
non veder là un doppio teschio esangue
  dietro la siepe, e due vili ombre nere
fuggir nell'ombra; ma veder te, noi?
miseri, sì, per sempre, ma vedere
nella via sola quattro figli suoi?

Nella via sola, dopo il soprassalto
di pianto, tutti quattro, orfani già,
guardammo ancora. E poi guardammo in alto
cader le stelle nell'oscurità.

58. La cavalla storna

Nella Torre il silenzio era già alto.
Sussurravano i pioppi del Rio Salto.
   I cavalli normanni alle lor poste
frangean la biada con rumor di croste.
   Là in fondo la cavalla era, selvaggia,
nata tra i pini su la salsa spiaggia;
   che nelle froge avea del mar gli spruzzi
ancora, e gli urli negli orecchi aguzzi.
   Con su la greppia un gomito, da essa
era mia madre; e le dicea sommessa:
   "O cavallina, cavallina storna,
che portavi colui che non ritorna;
   tu capivi il suo cenno ed il suo detto!
Egli ha lasciato un figlio giovinetto;
   il primo d'otto tra miei figli e figlie;
e la sua mano non toccò mai briglie.
   Tu che ti senti ai fianchi l'uragano,
tu dài retta alla sua piccola mano.
   Tu ch'hai nel cuore la marina brulla,
tu dài retta alla sua voce fanciulla".
   La cavalla volgea la scarna testa
verso mia madre, che dicea più mesta:
   "O cavallina, cavallina storna,
che portavi colui che non ritorna;
   lo so, lo so, che tu l'amavi forte!
Con lui c'eri tu sola e la sua morte.
   O nata in selve tra l'ondate e il vento,
tu tenesti nel cuore il tuo spavento;
   sentendo lasso nella bocca il morso,
nel cuor veloce tu premesti il corso:
   adagio seguitasti la tua via,
perché facesse in pace l'agonia..."
   La scarna lunga testa era daccanto
al dolce viso di mia madre in pianto.
   "O cavallina, cavallina storna,

che portavi colui che non ritorna;
   oh! due parole egli dové pur dire!
E tu capisci, ma non sai ridire.
   Tu con le briglie sciolte tra le zampe,
con dentro gli occhi il fuoco delle vampe,
   con negli orecchi l'eco degli scoppi,
seguitasti la via tra gli alti pioppi:
   lo riportavi tra il morir del sole,
perché udissimo noi le sue parole".
   Stava attenta la lunga testa fiera.
Mia madre l'abbracciò su la criniera
   "O cavallina, cavallina storna,
portavi a casa sua chi non ritorna!
   a me, chi non ritornerà più mai!
Tu fosti buona... Ma parlar non sai!
   Tu non sai, poverina; altri non osa.
Oh! ma tu devi dirmi una una cosa!
   Tu l'hai veduto l'uomo che l'uccise:
esso t'è qui nelle pupille fise.
   Chi fu? Chi è? Ti voglio dire un nome.
E tu fa cenno. Dio t'insegni, come".
   Ora, i cavalli non frangean la biada:
dormian sognando il bianco della strada.
   La paglia non battean con l'unghie vuote:
dormian sognando il rullo delle ruote.
   Mia madre alzò nel gran silenzio un dito:
disse un nome... Sonò alto un nitrito.

59. In ritardo

E l'acqua cade su la morta estate,
e l'acqua scroscia su le morte foglie;
e tutto è chiuso, e intorno le ventate
gettano l'acqua alle inverdite soglie;
  e intorno i tuoni brontolano in aria;
se non qualcuno che rotola giù.

  Apersi un poco la finestra: udii
rugliare in piena due torrenti e un fiume;
  e mi parve d'udir due scoppiettìi
e di vedere un nereggiar di piume.

  O rondinella spersa e solitaria,
per questo tempo come sei qui tu?

  Oh! non è questo un temporale estivo
col giorno buio e con la rosea sera,
sera che par la sera dell'arrivo,
tenera e fresca come a primavera,
  quando, trovati i vecchi nidi al tetto,
li salutava allegra la tribù.

  Se n'è partita la tribù, da tanto!
tanto, che forse pensano al ritorno,
tanto, che forse già provano il canto
che canteranno all'alba di quel giorno:
  sognano l'alba di San Benedetto
nel lontano Baghirmi e nel Bornù.

  E chiudo i vetri. Il freddo mi percuote,
l'acqua mi sferza, mi respinge il vento.
Non più gli scoppiettìi, ma le remote
voci dei fiumi, ma sgrondare io sento
  sempre più l'acqua, rotolare il tuono,
il vento alzare ogni minuto più.

  E fuori vedo due ombre, due voli,
due volastrucci nella sera mesta,
rimasti qui nel grigio autunno soli,
ch'aliano soli in mezzo alla tempesta:
  rimasti addietro il giorno del frastuono,

delle grida d'amore e gioventù.
   Son padre e madre. C'è sotto le gronde
un nido, in fila con quei nidi muti,
il lor nido che geme e che nasconde
sei rondinini non ancor pennuti.
   Al primo nido già toccò sventura.
Fecero questo accanto a quel che fu.
   Oh! tardi! Il nido ch'è due nidi al cuore,
ha fame in mezzo a tante cose morte;
e l'anno è morto, ed anche il giorno muore,
e il tuono muglia, e il vento urla più forte,
   e l'acqua fruscia, ed è già notte oscura,
e quello ch'era non sarà mai più.

IL RITORNO A SAN MAURO

60. Le rane

   Ho visto inondata di rosso
la terra dal fior di trifoglio;
ho visto nel soffice fosso
le siepi di pruno in rigoglio;
e i pioppi a mezz'aria man mano
distendere un penero verde
lunghesso la via che si perde
lontano.
   Qual è questa via senza fine
che all'alba è sì tremula d'ali?
chi chiamano le canapine
coi lunghi lor gemiti uguali?
Tra i rami giallicci del moro
chi squilla il suo tinnulo invito?
chi svolge dal cielo i gomitoli
d'oro?
   Io sento gracchiare le rane
dai borri dell'acque piovane

nell'umida serenità.
E fanno nel lume sereno
lo strepere nero d'un treno
che va...
   Un sufolo suona, un gorgoglio
soave, solingo, senz'eco.
Tra campi di rosso trifoglio,
tra campi di giallo fiengreco,
mi trovo; mi trovo in un piano
che albeggia, tra il verde, di chiese;
mi trovo nel dolce paese
lontano.
   Per l'aria, mi giungono voci
con una sonorità stanca.
Da siepi, lunghe ombre di croci
si stendono su la via bianca.
Notando nel cielo di rosa
mi arriva un ronzìo di campane,
che dice: Ritorna! Rimane!
Riposa!
   E sento nel lume sereno
lo strepere nero del treno
che non s'allontana, e che va
cercando, cercando mai sempre
ciò che non è mai, ciò che sempre
sarà...

61. La Messa

La squilla sonava l'entrata.
Diceva con voce affrettata:
- Non entri? Non entri? Perché?
  C'è un rito con fiori, con ceri,
con fiocchi d'incenso leggieri.
Su, entra, ché suono per te.
  Udrai dopo un chiaro tintinno,
salire la gloria d'un inno
dall'organo che gemerà.
  C'è un vecchio che mormora stanco
con tutto un suo tremolìo bianco,
parole di felicità.
  La panca vedrai dove un giorno
veniva coi piccoli intorno
tua mamma: venivi anche tu.
  Pregava (tuo padre non c'era)
pregava; ma quella preghiera
s'è forse smarrita laggiù.
  T'udrai (sa il tuo nome!) chiamare
da quella... Ha le lagrime amare
del cuore che invano pregò.
  Non entri? Anche tu piangerai.
Ma il piangere è buono, lo sai;
ma il piangere è buono, lo so.
  Sonai per tua mamma... ma grave,
ma dolce, ma pia, come un Ave.
sonai per la madre che fu!
  Sonai con rintocchi sì piani!
pensando che aveva lontani
voi, bimbi, che non vide più... -

62. La tessitrice

Mi son seduto su la panchetta
come una volta... quanti anni fa?
Ella, come una volta, s'è stretta
su la panchetta.
  E non il suono d'una parola;
solo un sorriso tutto pietà.
La bianca mano lascia la spola.
  Piango, e le dico: Come ho potuto,
dolce mio bene, partir da te?
Piange, e mi dice d'un cenno muto:
Come hai potuto?
  Con un sospiro quindi la cassa
tira del muto pettine a sé.
Muta la spola passa e ripassa.
  Piango, e le chiedo: Perché non suona
dunque l'arguto pettine più?
Ella mi fissa timida e buona:
Perché non suona?
  E piange, e piange - Mio dolce amore,
non t'hanno detto? non lo sai tu?
Io non son viva che nel tuo cuore.
  Morta! Sì, morta! Se tesso, tesso
per te soltanto; come, non so;
in questa tela, sotto il cipresso,
accanto alfine ti dormirò. -

63. Casa mia

Mia madre era al cancello.
Che pianto fu! Quante ore!
Lì, sotto il verde ombrello
della mimosa in fiore!

M'era la casa avanti,
tacita al vespro puro,
tutta fiorita al muro
di rose rampicanti.

Ella non anche sazia
di lagrime, parlò:
- Sai, dopo la disgrazia,
ci ristringemmo un po'... -

Una lieve ombra d'ale
annunziò la notte
lungo le bergamotte
e i cedri del viale.

- ci ristringemmo un poco,
con le tue bimbe; e fanno... -
Era il suo dire fioco
fioco, con qualche affanno.

S'udivano sussurri
cupi di macroglosse
su le peonie rosse
e sui giaggioli azzurri.

- Fanno per casa (io siedo)
le tue sorelle tutto.
Quando così le vedo,
col grembiul bianco, in lutto... -

Io vidi allor la mia
vita passar soave,
tra le sorelle brave,
presso la madre pia.

Dissi: - Oh! restare io voglio!
Vidi nel mio cammino
al sangue del trifoglio

presso il celeste lino.

  Qui sperderò le oscure
nubi e la mia tempesta,
presso la madre mesta,
tra le sorelle pure!

  Lavorerò di lena
tutto il gran giorno; e sento
ch'alla tua parca cena
m'assiderò contento,

  quando dal mio lavoro,
o la tua lieve mano
od il vocio lontano
mi chiamerà, di loro.

  E sarò lieto e ricco
io delle mie fatiche,
quando ogni tenue chicco
germinerà tre spiche.

  E comprerò leggiadre
vesti alle mie fanciulle,
e l'abito di tulle
alla lor dolce madre. -

  Così dicevo: in tanto
ella piangea più forte,
e gocciolava il pianto
per le sue guancie smorte.

  S'udivano sussurri
cupi di macroglosse
su le peonie rosse
e sui giaggioli azzurri.

  - Oh! tu lavorerai
dove son io? Ma dove
son io, figliuolo, sai,
ci nevica e ci piove! -

  Una lieve ombra d'ale
annunziò la notte
lungo le bergamotte
e i cedri del viale.

- Oh! dolce qui sarebbe
vivere? oh! qui c'è bello?
Altri qui nacque e crebbe!
Io sto, vedi, al cancello. -

  M'era la casa avanti,
tacita al vespro puro,
tutta fiorita al muro
di rose rampicanti.

64. Mia madre

Zitti, coi cuori colmi,
ci allontanammo un poco.
Tra il nereggiar degli olmi
brillava il cielo in fuoco.
     ... Come fa presto sera,
        o dolce madre, qui!
Vidi una massa buia
di là del biancospino:
vi ravvisai la thuia,
l'ippocastano, il pino...
     ... Or or la mattiniera
        voce mandò il luì;
Tra i pigolìi dei nidi,
io vi sentii la voce
mia di fanciullo... E vidi,
nel crocevia, la croce.
     ... sonava a messa, ed era
        l'alba del nostro dì:
E vidi la Madonna
dell'Acqua, erma e tranquilla,
con un fruscìo di gonna,
dentro, e l'odor di lilla.
     ... pregavo... E la preghiera
        di mente già m'uscì!
Sospirò ella, piena
di non so che sgomento.
Io me le volsi: appena
vidi il tremor del mento.
     ... Come non è che sera,
        madre, d'un solo dì?
Me la miravo accanto
esile sì, ma bella:
pallida sì, ma tanto
giovane! una sorella!
     bionda così com'era

quando da noi partì.

65. Commiato

Una stella sbocciò nell'aria.
Le risplendé nelle pupille.
Su la campagna solitaria
tremava il pianto delle squille.
 - E` ora, o figlio, ora ch'io vada.
Sono stata con te lunghe ore.
Tra questi bussi è la mia strada;
la tua, tra quelle acacie in fiore.
Sii buono e forte, o figlio mio:
va dove t'aspettano. Addio!
 ...Venir con te? Ma non è dato!
Sai pure: m'han cacciata via.
Ci fu chi non mi volle allato
nel mondo, così larga via;
chi non permise che, sia pure,
stessi con le mie creature.
 ...Tu venir qui? Viene chi muore...
E tu vuoi dunque venir qui.
Sei stanco: è vero? Hai male al cuore.
Quel male l'ebbi anch'io, *Zvanî*!
E` un male che non fa dormire;
ma che alfine poi fa morire. -
 Si chiudevano i casolari.
Cresceva l'ombra delle cose.
Ancor tra i lontani filari
traspariva color di rose.
 - Ma dimmi, o madre, dimmi almeno,
se nel tramonto del suo giorno
tuo figlio si deve sereno
preparare per un ritorno!
se ciò che qualcuno ci prende,
v'è qualch'altro che ce lo rende!
 Ricorderò quella preghiera
con quei gesti e segni soavi;
tuo figlio risarà qual era

allora che glieli insegnavi:
s'abbraccerà tutto all'altare:
ma fa che ritorni a sperare!

   A sperare e ora e nell'ora
così bella se a te conduce!
O madre, fa ch'io creda ancora
in ciò ch'è amore, in ciò ch'è luce!
O madre, a me non dire, Addio,
se di là è, se teco è Dio! -

   Sfioriva il crepuscolo stanco.
Cadeva dal cielo rugiada.
Non c'era avanti me, che il bianco
della silenziosa strada.

66. Giovannino

   In una breccia, allo smorir del cielo,
vidi un fanciullo pallido e dimesso.
Il fior caduto ravvisò lo stelo;
io nel fanciullo ravvisai me stesso.
Ci rivedemmo all'ultimo riflesso;
e sì, l'uno dell'altro ebbe pietà.

   Gli dissi: - Tu sei qui solo soletto:
un mucchiarello d'alga presso il mare.
Hai visto un chiuso, e tu non hai più tetto;
di là c'è gente, e tu vorresti entrare.
Oh! quella casa è senza focolare:
non c'è, fuor che silenzio, altro, di là. -

   Scosse i capelli biondi di su gli occhi.
- No! - mi rispose: - là c'è il camposanto.
Tua madre ti riprende sui ginocchi;
tu ti rivedi i fratellini accanto.
Si trova un bacio quando qui s'è pianto;
si trova quello che smarrimmo qui. -

   - O fior caduto alla mia vita nuova! -
io rispondeva, - o raggio del mattino!

Io persi quello che non più si trova,
e vano è stato il lungo mio cammino.
A notte io vedo, stanco pellegrino,
che deviai su l'alba del mio dì!
  Felice te che a quello che rimpiango,
così da presso, al limitar, rimani! -
- Misero me, che fuori ne rimango,
così lontano come i più lontani!
Alla porta che s'apre alzo le mani,
ma tu sai ch'io... non posso entrarvi più.
  S'apre a tant'altri gracili fanciulli,
addormentati sui lor lunghi temi,
addormentati in mezzo ai lor trastulli;
s'apre appena e si chiude e par che tremi:
assai se, là, venir tra i crisantemi
vedo la rossa veste di Gesù!... -

67. Il bolide

Tutto annerò. Brillava, in alto in alto,
il cielo azzurro. In via con me non c'eri,
in lontananza, se non tu, Rio Salto.
　Io non t'udiva: udivo i cantonieri
tuoi, le rane, gridar rauche l'arrivo
d'acqua, sempre acqua, a maceri e poderi.
　Ricordavo. A' miei venti anni, mal vivo,
pensai tramata anche per me la morte
nel sangue. E, solo, a notte alta, venivo
　per questa via, dove tra l'ombre smorte
era il nemico, forse. Io lento lento
passava, e il cuore dentro battea forte.
　Ma colui non vedrebbe il mio spavento,
sebben tremassi all'improvviso svolo
d'una lucciola, a un sibilo di vento:
　lento lento passavo: e il cuore a volo
andava avanti. E che dunque? Uno schianto;
e su la strada rantolerei, solo...
　no, non solo! Lì presso è il camposanto,
con la sua fioca lampada di vita.
Accorrerebbe la mia madre in pianto.
　Mi sfiorerebbe appena con le dita:
le sue lagrime, come una rugiada
nell'ombra, sentirei su la ferita.
　Verranno gli altri, e me di su la strada
porteranno con loro esili gridi
a medicare nella lor contrada,
　così soave! dove tu sorridi
eternamente sopra il tuo giaciglio
fatto di muschi e d'erbe, come i nidi!
　Mentre pensavo, e già sentìa, sul ciglio
del fosso, nella siepe, oltre un filare
di viti, dietro un grande olmo, un bisbiglio
　truce, un lampo, uno scoppio... ecco scoppiare
e brillare, cadere, esser caduto,

dall'infinito tremolìo stellare,
   un globo d'oro, che si tuffò muto
nelle campagne, come in nebbie vane,
vano; ed illuminò nel suo minuto
   siepi, solchi, capanne, e le fiumane
erranti al buio, e gruppi di foreste,
e bianchi ammassi di città lontane.
   Gridai, rapito sopra me: Vedeste?
Ma non v'era che il cielo alto e sereno.
Non ombra d'uomo, non rumor di péste.
   Cielo, e non altro: il cupo cielo, pieno
di grandi stelle; il cielo, in cui sommerso
mi parve quanto mi parea terreno.

E la Terra sentii nell'Universo.
Sentii, fremendo, ch'è del cielo anch'ella.
E mi vidi quaggiù piccolo e sperso
  errare, tra le stelle, in una stella.

68. Tra San Mauro e Savignano

Una voce ora udii nel camposanto.
- Dal tetro sonno in pieno dì mi scosse
un lungo squillo che parea di pianto.
  E... Oh! speranza del mio cuor superba!
I miei cari lasciai nelle lor fosse
dormire avvolti in bianche fibre d'erba.
  Cantavano un soave inno le trombe,
di pianto e gloria; ed echeggiava lento
su l'immobilità delle altre tombe.
  La mia sussultò sola. Era d'un grande
popolo il passo... mi parea che al vento
s'esalasse l'odor delle ghirlande...
  Chi venne in pia soavità di rose
alla sua pace? Forse... Ora che ai vivi
apri l'anime, o notte, ombri le cose;
  vado: la voglio rimirar, con l'orme
del pensiero ma già sui semprevivi
calma, la fronte di colui che dorme.
  Odor di fiori mi conduce ov'egli
dorme... Non è chi mi sperava il cuore.
Non è. Non è... Ma chi sei tu? Tu vegli!
  Oh! non hai pace!... Io so chi sei... chi eri.
Tu sei colui che uccide e che poi muore.
Oh! son anni, son anni anni... Fu ieri.
  Tu non hai fatto che bagnar la fossa
tua del mio sangue. E tu davi la morte
che ignoravi? Ma eri anche tu d'ossa.
  L'uomo non ti punì? Tu dalla vita
giungi tra i fiori? Hai oggi dalla morte

la pena che sarebbe oggi finita.

   Riposeresti... Oh! i figli miei! Tu giungi
or dalla vita. Alcuni già qui sono
con me, con noi. Gli altri, non so, ma lungi.

   Una dormiva ancora nella culla.
Tutti piccoli, tristi, in abbandono
e scoramento... Ne sai nulla?... Nulla.

   Avevi i tuoi... Ma io, io ombra esangue,
io di qui sopra le lor nude vite
getto il mantello del mio puro sangue.

   Se fanno il male, li difendo io, sorto
su loro. Uomini, me me non punite,
se chi m'uccise, infuria su me morto!

   Se poi si sono stretti, umili e proni
al lor destino e nella terra amara
per bontà loro vollero esser buoni;

   oh! benedetti! E il tristo ieri adorni
oggi di fiori semplici la cara
miseriola dei lor miti giorni.

   Ma se alcuno di loro, dallo stento
della sua giovinezza, a poco a poco
avesse alzato, oh! non la fronte e il mento,

   ma il cuore! il cuore! se dalla sua creta
insanguinata avesse tratto il fuoco!
se fosse, quel mendico, ora un poeta!

   fosse un consolatore, egli cui niuno
consolò! fosse, il derelitto, un forte!
un grande fosse l'orfano digiuno!...

   Io sogno! Io sogno, o muto autor del male!
ma se di quelli che dannasti a morte
col padre loro, fosse, uno, immortale!

   Oh! se qui, con soavi inni, a' suoi morti
ch'egli amò tanto, il popolo suo mai,
in un giorno d'amor, non lo riporti;

   io là sarò, col figlio mio sepolto,
che mi ridona ciò che gli donai,
che m'ha ridato ciò che tu m'hai tolto! -

Oh padre!... Gli astri... Vega, Aquila, Arturo...
splendeano sopra il camposanto oscuro...

APPENDICE

69. Diario autunnale
    (1907)

I

Bologna, 1 novembre.

  Che fanno là, presso la muta altana,
i crisantemi, i nostri fior, che fanno?
  Oh! stanno là, con la beltà lor vana,
a capo chino, lagrimando, stanno.
  Pensano che quest'anno sei lontana,
lagrimano che non ci sei quest'anno.
  Non torna più! mormora la campana...
Ma le cincie: Sì! Sì! Ritorneranno!

II

Bologna, 2 novembre.

  Per il viale, neri lunghi stormi,
facendo tutto a man a man più fosco,
passano: preti, nella nebbia informi,
che vanno in riga a San Michele in Bosco.
  Vanno. Tra loro parlano di morte.
Cadono sopra loro foglie morte.
  Sono con loro morte foglie sole.
Vanno a guardare l'agonia del sole.

III

Torre di San Mauro.
Notte dal 9 al 10 novembre.

  Dormii sopra la chiesa della Torre.
Cantar, la notte, udii soave e piano.
  Udii, tra sonno e sonno, voci e passi,

e tintinnire il campanello d'oro,
ed un fruscìo di pii bisbigli bassi,
ed un ronzìo d'alte preghiere in coro,
ed una gloria d'organo canoro,
che dileguava a sospirar lontano.
  A sospirar così soave e piano!
Era una messa. Santo! Santo! Santo!
  Ma eran voci morte che cantare
udii la notte fino sul mattino:
un morto prete curvo su l'altare,
un bimbo morto ritto sul gradino,
con su le spalle il suo lenzuol di lino
in che l'avvolse la sua madre in pianto.
  Era la messa. Santo! Santo! Santo!
Ma sul mattino ecco garrir gli uccelli:
  - No: era il vento quel ronzìo che udisti,
erano pioggia quei bisbigli bassi.
Frusciavan alto i vecchi abeti tristi,
brusivan cupo i tristi vecchi tassi.
Erano foglie, foglie secche, i passi,
cadute ai vecchi tigli, ai vecchi ornelli. -
  Così garrendo mi dicean gli uccelli.
E i vecchi alberi: - Il tempo, come corre!
  Quel campanello era il tuo vecchio cuore,
in cui battean vecchie memorie care;
ma le altre voci, fievoli o sonore,
di noi, non le potevi ricordare...
Siamo di dopo!... A que' tuoi giorni, pare,
tutto era a prato avanti quella Torre. -

IV

Bologna, 14 novembre.

  La luna par che adagio si avvicini
a San Michele, e guardi nel Convento.
No: non ci sono frati, ma bambini...

fuori del nido. Ella ristà tra il vento.
  Han l'ali rotte... Ma nei letti bianchi
dormono in lunghe file, come stanchi;
  stanchi di voli, ora sognati almeno,
che poi la madre li raccoglie al seno.
  La luna ascolta. Non li vuol destare
ma vuol vedere; e se ne va, ma sale.
Illuminare deve i monti e il mare,
ma un raggio manda anche sul lor guanciale.
  E sale il cielo, l'alto cielo buono;
cerca le stelle in cielo: dove sono?...
  e corre e cerca: dove mai son elle?...
Vuol dir la cosa alle virginee stelle.

V

Bologna, 20 novembre.

Il ponte sull'Aposa

  Aposa trista! Il povero al tuo ponte
sosta, e non altri. Siede sul sedile,
né guarda: non a valle non a monte:
  non alle torri lunghe e sdutte, che oggi
sfumano in grigio, non a quelle file
d'alti cipressi tra i castagni roggi:
  ascolta, a capo chino, ad occhi bassi,
te che laggiù brontoli cupa, e passi.
  A te vengono gli uomini infelici,
Aposa trista! E nella solitaria
notte a qualcuno tristi cose dici.
  T'ascolta a lungo. E poi, quando una foglia
secca di platano, a un brivido d'aria,
sembra un fruscìo di gonna su la soglia:
  ecco, quell'uomo non è più: dirupa...
tu passi, e dopo un po' brontoli cupa.
  Aposa trista! E l'Aposa risponde:

150

- Vien l'usignolo, a marzo, tra le acace!
  Al gorgoglìo delle mie picciole onde
sta prima attento, a lungo impara, e tace.
  Ma poi di canto m'empie le due sponde;
e il canto suo già mio singulto fu.
  Canta al suo nido, al nido suo di fronde,
di quelle fronde che cadono giù... -

VI

Bologna, 12 decembre.

Narcissi

- Narcissi d'oro, candidi narcissi,
voi che corona avete oltre corolla:
  per cuna aveste un vaso, e non la zolla;
terriccio a letto, e non la madre terra.
  Per gli altri il freddo, ma per voi la serra;
morivan gli altri, e voi veniste in boccia.
  Ora ogni foglia stride e s'accartoccia;
e voi fiorite, lieti, belli, e soli. -
- Oh! i primi caldi dopo il verno, e i voli
delle farfalle, e i canti dei fringuelli!
  Al sole uscir con tutti i suoi fratelli,
odorar tutti al cominciar d'aprile!
  al vento, all'acqua, a gruppi a macchie a file,
in tanti, in tanti, da sfiorire in pace!
  nel prato, con le altr'erbe, fin che piace
alla falce che agguaglia erbe e narcissi. -

VII

Castelvecchio, 15 decembre.

Nell'orto

A casa mia giunto sul vespro alfine,
io vedo un sogno ch'è pur cosa vera.
I quattro peri che piantai nell'orto
a circondar la conca d'arenaria,
vedo fioriti! E il cielo è bigio e smorto,
la nebbia fuma, fredda punge l'aria:
la neve è su la Pania solitaria...
- Allora, a marzo, o che lassù non c'era? -
   E tutto cade, tutto va, si perde;
il fiume va come una folla in pianto.
La quercia ha il musco e l'edera, di verde:
sui verdi rami ha un suo gran rosso manto.
Sol foglie secche, e i vostri fior soltanto!...
- O non era così di primavera? -
   Marzo a dicembre, alba somiglia a sera!
Eppure altro è il principio, altro la fine.
   Vedo tremare un poco le fogline
delle corolle al vento che le sfiora.
   Avete il tempo, arbusti miei, sbagliato:
ora non viene la dolciura in cielo.
Non si prepara a rifiorire il prato:
viene la brina e mangia ogni suo stelo.
Viene la brina, ed anche viene il gelo...
- E così dunque non accadde allora? -
   Ma il monte allora ritornò turchino,
e fiorirono i peschi e gli albicocchi.
Era fiorito il mandorlo e il susino,
metteva il melo foglie e fiori a gli occhi.
Fiori per tutto, a spighe, a mazzi, a fiocchi...
- A noi, col gelo li strinò l'aurora! -
   Poveri arbusti! E si riprovan ora.
Oh! videro fiorire anche le spine!...

VIII

Castelvecchio, 21 decembre.

Io sento il suono dell'antica avena
su l'alba ancora scialba ma serena.

Ed ecco il monte trascolora in rosa,
splendono i vetri a tutte le finestre.
E gente va, che vuol saper la cosa,
per le callaie e per le vie maestre.
Va dove il placido organo silvestre
canta l'antica sacra cantilena.

E` un pastor bianco al pari della neve,
che non ha casa ed anco all'otre beve.

Dice: - Era il sole per fuggir dal cielo.
Oggi s'è fermo e tornerà pian piano.
Piccolo è il seme, ma fa lungo stelo;
il seme è poco, ma fa tanto grano:
ed il buon Sole per un anno sano
semina, o genti, il giorno suo più breve. -

Made in the USA
Coppell, TX
11 May 2022